U0019391

:-) :-) :-) :-) :-) :-) :-) :-) :-) :-) :-) :-) :-)
:-) :-) :-) :-) :-) :-) :-) :-) :-) :-) :-) :-) :-)
:-) :-) :-) :-) :-) :-) :-) :-) :-) :-) :-) :-) :-)
:-) :-) :-) :-) :-) :-) :-) :-) :-) :-) :-) :-) :-)
:-) :-) :-) :-) :-) :-) :-) :-) :-) :-) :-) :-) :-)
:-) :-) :-) :-) :-) :-) :-) :-) :-) :-) :-) :-) :-)
:-) :-) :-) :-) :-) :-) :-) :-) :-) :-) :-) :-) :-)
:-) :-) :-) :-) :-) :-) :-) :-) :-) :-) :-) :-) :-)
:-) :-) :-) :-) :-) :-) :-) :-) :-) :-) :-) :-) :-)
:-) :-) :-) :-) :-) :-) :-) :-) :-) :-) :-) :-) :-)
:-) :-) :-) :-) :-) :-) :-) :-) :-) :-) :-) :-) :-)
:-) :-) :-) :-) :-) :-) :-) :-) :-) :-) :-) :-) :-)
:-) :-) :-) :-) :-) :-) :-) :-) :-) :-) :-) :-) :-)
:-) :-) :-) :-) :-) :-) :-) :-) :-) :-) :-) :-) :-)
:-) :-) :-) :-) :-) :-) :-) :-) :-) :-) :-) :-) :-)
:-) :-) :-) :-) :-) :-) :-) :-) :-) :-) :-) :-) :-)
:-) :-) :-) :-) :-) :-) :-) :-) :-) :-) :-) :-) :-)
:-) :-) :-) :-) :-) :-) :-) :-) :-) :-) :-) :-) :-)
:-) :-) :-) :-) :-) :-) :-) :-) :-) :-) :-) :-) :-)
:-) :-) :-) :-) :-) :-) :-) :-) :-) :-) :-) :-) :-)
:-) :-) :-) :-) :-) :-) :-) :-) :-) :-) :-) :-) :-)
:-) :-) :-) :-) :-) :-) :-) :-) :-) :-) :-) :-) :-)
:-) :-) :-) :-) :-) :-) :-) :-) :-) :-) :-) :-) :-)
:-) :-) :-) :-) :-) :-) :-) :-) :-) :-) :-) :-) :-)
:-) :-) :-) :-) :-) :-) :-) :-) :-) :-) :-) :-) :-)
:-) :-) :-(:-) :-) :-) :-) :-) :-) :-) :-) :-) :-)
:-) :-) :-) :-) :-) :-) :-) :-) :-) :-) :-) :-) :-)
:-) :-) :-) :-) :-) :-) :-) :-) :-) :-) :-) :-) :-)
:-) :-) :-) :-) :-) :-) :-) :-) :-) :-) :-) :-) :-)
:-) :-) :-) :-) :-) :-) :-) :-) :-) :-) :-) :-) :-)
:-) :-) :-) :-) :-) :-) :-) :-) :-) :-) :-) :-) :-)
:-) :-) :-) :-) :-) :-) :-) :-) :-) :-) :-) :-) :-)
:-) :-) :-) :-) :-) :-) :-) :-) :-) :-) :-) :-) :-)

:-) :-) :-) :-) :-) :-) :-) :-) :-) :-) :-) :-)
:-) :-) :-) :-) :-) :-) :-) :-) :-) :-) :-) :-)
:-) :-) :-) :-) :-) :-) :-) :-) :-) :-) :-) :-)
:-) :-) :-) :-) :-) :-) :-) :-) :-) :-) :-) :-)
:-) :-) :-) :-) :-) :-) :-) :-) :-) :-) :-) :-)
:-) :-) :-) :-) :-) :-) :-) :-) :-) :-) :-) :-)
:-) :-) :-) :-) :-) :-) :-) :-) :-) :-) :-) :-)
:-) :-) :-) :-) :-) :-) :-) :-) :-) :-) :-) :-)
:-) :-) :-) :-) :-) :-) :-) :-) :-) :-) :-) :-)
:-) :-) :-) :-) :-) :-) :-) :-) :-) :-) :-) :-)
:-) :-) :-) :-) :-) :-) :-) :-) :-) :-) :-) :-)
:-) :-) :-) :-) :-) :-) :-) :-) :-) :-) :-) :-)
:-) :-) :-) :-) :-) :-) :-) :-) :-) :-) :-) :-)
:-) :-) :-) :-) :-) :-) :-) :-) :-) :-) :-) :-)
:-) :-) :-) :-) :-) :-) :-) :-) :-) :-) :-) :-)
:-) :-) :-) :-) :-) :-) :-) :-) :-) :-) :-) :-)
:-) :-) :-) :-) :-) :-) :-) :-) :-) :-) :-) :-)
:-) :-) :-) :-) :-) :-) :-) :-) :-) :-) :-) :-)
:-) :-) :-) :-) :-) :-) :-) :-) :-) :-) :-) :-)
:-) :-) :-) :-) :-) :-) :-) :-) :-) :-) :-) :-)
:-) :-) :-) :-) :-) :-) :-) :-) :-) :-) :-) :-)
:-) :-) :-) :-) :-) :-) :-) :-) :-) :-) :-) :-)
:-) :-) :-) :-) :-) :-) :-) :-) :-) :-) :-) :-)
:-) :-) :-) :-) :-) :-) :-) :-) :-| :-) :-) :-)
:-) :-) :-) :-) :-) :-(:-) :-) :-) :-) :-) :-)
:-) :-) :-) :-) :-) :-) :-) :-) :-) :-) :-) :-)
:-) :-) :-) :-) :-) :-) :-) :-) :-) :-) :-) :-)
:-) :-) :-) :-) :-) :-) :-) :-) :-) :-) :-) :-)
:-) :-) :-) :-) :-) :-) :-) :-) :-) :-) :-) :-)

可以柔軟，不代表你必須一再退讓

讓情緒成為你的後盾，不再委屈自己的EQ練習

EQ APPLIED——The Real-World Guide to Emotional Intelligence

JUSTIN BARISO

賈斯汀・巴瑞索——著　吳書榆——譯

獻給多明妮卡、喬納和莉莉，他們教會我的東西夠寫一百萬本書了。

各界讚譽

善用本書，讓情緒管理變成你的本事

「我們在學校學的東西，到四十歲時可能早就已經不適用。那你應該專注在什麼事情上呢？我的建議是專注在培養韌性和情緒智商。」——尤瓦爾．諾瓦．哈拉瑞／耶路撒冷希伯來大學歷史系教授，著有《人類大歷史》、《人類大命運》等書前陣子，我和幾位心理師相聚，準備籌劃一場「職場新鮮人講座」。構思講題時，我們聊起，如果想在職場上發揮最佳表現，一個人需要哪些關鍵能力？

若用這個題目去訪問專家，你可能會聽到像是時間管理、溝通、抗壓，或問題解決能力。當然，「情緒管理」也是個必然會被提起的答案。在我們討論的後期，有人則丟出了另一種觀點：「好像怎麼討論，都不外乎是這幾個我們『已知』的能力？難道，沒有其他更新穎的概念或能力了嗎？」

以本書的主軸——情緒管理為例，在媒體報導下，愈來愈多人知道了這個概念。但為什麼情緒管理這個概念從「上市」到現在，十年、二十年過去了，它至今仍「熱賣」？

我後來想了想，自己的理解是，當一個概念持續被提及與使用，當然就表示這個概念對現今社會仍是有用的。但另一方面，一個概念之所以持續存在與被需要，其實也表示它並未完全普及與落實。

是的，多數人早已耳聞，甚至略懂情緒管理了。但我們也看到，多數人其實還未能順利從「知道」變成「做到」。我相信這可能也是讀者被本書吸引的原因之一。

討論EQ的書籍何其多，本書與其他書的主要差異，就藏在原文書名裡頭的applied（應用）與real-world（真實世界）二字。除了觀念介紹之外，本書十分強調在「真實生活」中「應用」ＥＱ概念。所以，每幾頁你就會看到「TRY THIS」（試試看）的提案，鼓勵你把剛剛「知道」的概念，從腦中的名詞，變成生活中的動詞。

在諮商過程中，我深刻發現，多次的知識灌輸，遠不如一次真實體驗。透過實作，知識更有機會「內化」，變成自己的一部分。就像學騎腳踏車，不能只是熟讀《如何騎腳踏車》這本書。你得真的踩上腳踏車，練習、練習、再練習。

除了實作之外，實踐ＥＱ的第二個提醒是：「提醒自己記得」實作。ＥＱ的觀念並不難理解，閱讀時，我們容易胸有成竹，認為自己下次一定會記得這些觀念並將之實踐。但現實是殘酷的，多數人只要情緒一來，當下就什麼都忘了。

所以，事先想辦法「提醒」自己也很重要。好比說，你知道每週二的會議特別容易有火藥味。於是會議前，你提早在手機行事曆設定一則提醒：「討論棘手課題前，謹慎思考要在何時發言，記得促成冷靜且理性的討論」。或者，在開會使用的筆記本裡面，貼上一張便利貼：「千萬不可根據暫時的情緒去做長期的決定」。

讀畢本書，你將「知道」更多情緒管理的概念與方法。但任務還沒結束！請發揮創意，找到各種「提醒」自己的妙方，督促自己應用在生活中。能把「知道」變成「做到」，才是情緒管理的真本事。

——**蘇益賢**／初色心理治療所臨床心理師、企業講師，專長為情緒與壓力議題、職場心理學與員工協助、正向心理學

《可以柔軟，不代表你必須一再退讓》做了澈底的研究，充滿有趣的故事，是一本讓人讀來樂在其中的書。對於想要尋找洞見、透視領導與管理並提升整體企業文化的公司而言，本書是一項豐富的資產。

——**馬歇爾・葛史密斯（Marshall Goldsmith）**／全球知名領導學思想家兼暢銷書《練習改變》（*Triggers*）與《UP學》（*What Got You Here Won't Get You There*）作者

到底什麼是ＥＱ？在本書中，賈斯汀・巴瑞索完整回答了這個問題。他用嶄新的觀點讓我們看到ＥＱ的不同面向，並教導讀者如何按部就班培養自己的ＥＱ。這是一本必讀之書。

——**蕾貝卡・賈維絲（Rebecca Jarvis）**／記者、艾美獎（Emmy Award）獲獎人兼《蕾貝卡・賈維絲無界限》（*No Limits with Rebecca Jarvis*）播客節目主持人

這本迷人的書裡納入很多我們所學的情緒行為知識，並讓你知道如何把這些心得付諸實踐。

——**亨德利・懷辛格（Dr. Hendrie Weisinger）**／《紐約時報》暢銷書《壓力下如何力求表現》（*Performing Under Pressure*）作者

《可以柔軟，不代表你必須一再退讓》完美平衡了紮實的研究、簡單的說明與動人的故事，是培養ＥＱ的全新專用百科全書。無論你是執行長、中階經理、基層員工或在這之間的任何一層，讀了本書之後都能大有收穫。

——**潔緹・歐唐內爾（J.T. O'Donnell）**／每天努力（Work It Daily）網站平台創辦人兼執行長

一本很出色的書，充滿實用的智慧。無論這是你讀過談ＥＱ的第一本還是第五本書，你都能從中發現嶄新、可據以為行動的洞見，今天就能應用。

——**凱文・克魯瑟（Kevin Kruse）**／領導專家（LeadX）網路平台創辦人兼執行長暨《員工敬業度二・〇》（*Employee Engagement 2.0*）作者

本書是ＥＱ的終極指南，是一份有用且能激發思考的指引，讓你成為更好的領導者與更好的人。

——**傑夫・哈登（Jeff Haden）**／《動機迷思》（*The Motivation Myth*）作者

賈斯汀・巴瑞索以動人的手法處理EQ主題，將會讓你重新思考你的決策方法。身為一位女性，而且人生全部事業生涯都身在男性主導、女性嚴重被視為「太過情緒化」的科技業裡，本書讓我更深信成功的關鍵不是要抽離情緒，而是要用讓你感到驕傲的方式去處理，以得到出色的成果。

——**曼蒂・安東尼亞希（Mandy Antoniacci）**／創業家、TED講者與天使投資人

多數談EQ的書在撰寫時並沒有用上太多EQ，但在這本書裡，賈斯汀・巴瑞索停了下來，仔細思考你該如何學習、如何感受以及你比較喜歡別人如何對你說話。你能學到的遠遠超過你所想。

——**克里斯・馬特斯齊克（Chris Matyszczyk）**／豪爾勞可斯公司（Howard Raucous LLC）總裁兼CNET《技術性錯誤》（*Technically Incorrect*）和Inc.雜誌網站《荒謬導向》（*Absurdly Driven*）專欄執筆人

從更善用得到的回饋意見，到找出方法用正面的方式變得更有說服力，再到更能駕馭自己的情緒，我從這本書裡學到很多出自真實世界的心得，我很確定你也會有相同的感受。

這是我們都引領期盼的務實面對ＥＱ之道。

——傑若米．高曼（Jeremy Goldman）／火牌集團（Firebrand Group）創辦人兼《去社交》（*Going Social*）與《去喜歡》（*Getting to Like*）作者

在《可以柔軟，不代表你必須一再退讓》裡，賈斯汀．巴瑞索提出了迷人的說法，檢視為何ＥＱ在今時今日的重要性比過往有過之而無不及。他對於行為的想法將能幫助你解讀他人，以及你自己。

——莎莉．霍格茲海德（Sally Hogshead）／《紐約時報》暢銷書《著了迷》（*Fascinate*）與《你的專屬魅力說明書》（*How the World Sees You*）作者

了解情緒在職場的角色並明智因應，是企業成功的關鍵。這本出色的作品說明了道理何在及要如何做到。

——亞歷山大．凱傑魯夫（Alexander Kjerulf）／渥荷公司（Woohoo Inc.）幸福長

目錄

簡介——Introduction

一九九五年，身為心理學家兼科普記者的丹尼爾．高曼（Daniel Goleman）出版了一本書，推廣情緒智商（emotional intelligence，又稱ＥＱ）這個正在發展的概念，幾乎遍及全世界。理解與管理情緒的能力能大幅提升成功機率，這個觀點快速風行，並對於人們在情緒和人類行為的想法上持續造成深遠的影響。

自高曼這本書問世起，二十多年來，這個世界千變萬化，對於ＥＱ的需求有過之而無不及。

四分五裂的政治氛圍在今日已成為常態，很多政治人物使用恐懼與憤怒等情緒，作為「大規模說服武器」（weapons of mass persuasion）。至於很快就斷言「其他人」蠢笨、無可救藥的激情支持者，則訴諸熱情布道並展開人身攻擊，根本無法進行冷靜理性的討論。

戰爭、全球化以及日趨密集的都市化，持續推動不同族裔、文化與背景的人愈靠愈緊。富人與窮人在人口爆炸的城市裡成了鄰居，在某些國家，難民營甚至出現在歷史悠久的社區裡。陌生孕育恐懼，差異也催生了懷疑與憂心。

網際網路把大量的資訊放在人們的指尖，然而，隨著消息以光速傳播，我們也比以前更難分辨事實和虛構。這會有什麼結果？我們創造出了一個「後真相紀元」（era of post-truth），情感與個人信念的影響力遠遠大過客觀事實。

智慧型手機與行動裝置普及之後，觀察與自省的片刻少了，取而代之的，是即時閱讀與回覆訊息、不斷檢查社交媒體饋送，或是隨手瀏覽網路，全是因焦慮、無聊與害怕被遺漏的感覺而刺激出的行動。能在幾乎任何時候和每個人溝通，導致我們在情緒高漲的時刻分享過多訊息，揭露了敏感資訊，日後才後悔不已。

我們就像巴甫洛夫實驗中的狗一樣，對裝置上了癮，摧毀了我們的自我控制，同時也減損了獨立思考的能力。我們經常瀏覽的網站有很大的作用力，大大影響了我們的情緒；我們閱讀的報導、消化的訊息、觀賞的影片，形塑了我們的心情與想法，慢慢地鍛造出我們的意見與意識形態，但我們卻不自知。

隨著世界演變，我們對於ＥＱ的理解也跟著改變。

最早有人提出情緒智商一詞時，很多人認為其本質是善的。支持者大力宣揚，認為是各種問題的終極解決方案，從學校霸凌到員工敬業度低等問題，無一不能解。然而，後來發現，ＥＱ就像傳統的ＩＱ一樣，都是工具，可以為善，也可以為惡。舉例來說，研究人員已經證明，某些高ＥＱ的人善用自身的技能，為一己之私企圖影響或操弄他人。然而，培養自身的ＥＱ可以讓你辨識出對方的意圖，並加以反抗。增進自身的情緒知識並弄懂情緒的運作方式，你將更能理解自己及自己所做決定背後的理由。這讓你能設計出策略，主動積極建構你的情緒反應，避免說出、做出會讓你懊悔的事，並在有必要時起身行動。最終，你將學會善用情緒來協助他人，在這個過程中營造出更深入且有益的關係。

現代之所以比以往更需要ＥＱ，上述理由只是其中的部分原因。

為了帶領讀者進入主題，我們將探討以下這幾個問題：

- 你要如何把最強烈的情緒從毀滅性的力量變成良善的力量？
- 如何提出正確的問題並擴充情緒詞庫，幫助你更能察覺自我？
- 培養自制為何如此困難？要如何強化這方面的能力？

- 關於大腦本身以及大腦運作的相關知識如何幫助你形塑情緒的習慣？
- 你要如何從你得到的回饋（無論正面或負面）當中得到最大收穫？
- 你如何以有益於他人的方式表達回饋意見？
- 同理心如何能幫你一把？又會如何傷害你？
- 你要如何以正面的方式變得更具說服力或更能影響別人？
- EQ如何幫助你培養（並維繫）更深刻、更有益的人際關係？
- 你要如何保護自己，避免借助說服與影響原理之力的人來傷害或操弄你與他人？

我在本書中會結合迷人的研究與真實生活中的故事，針對上述問題提出實用的答案。我也會揭露私人面，說明EQ如何教導我從事領導，以及如何教導我跟隨他人。我會說明在情緒層面理解與觸及他人如何幫助我抱得美人歸，讓我成為更好的丈夫與父親。而我也會詳述我這一路上遭遇的危險，並指出要讓你成為最好的自己，增進EQ並善加應用只是全局中的一小片拼圖。

最終的目標很單純：我想幫助你，讓情緒助你一臂之力，而不會扯你的後腿。

Chapter 1

From Theory to Practice

What Real-World Emotional Intelligence Looks Like

第一章

從理論到實務

現實世界裡的 EQ

人的情緒運作速度遠快過智慧。

——王爾德（Oscar Wilde）

一九九七年，史帝夫．賈伯斯（Steve Jobs）重返他親手創立的蘋果（Apple），帶領公司進行史上最出色的一次轉型。身為執行長，他把蘋果從破產邊緣拯救了回來，協助公司變成世上最有價值的企業。

如果我們想到，十二年前，賈伯斯被迫離開這家他幫忙打造出來的公司，這項成就便更讓人訝異了。

賈伯斯素有光芒四射、鼓舞人心的名聲，但他也以傲慢、不耐煩、任性聞名。到後來，他和蘋果董事會之間的關係變得很難堪，他們卸除他大部分的職責，幾乎把他架空。覺得遭到背叛的賈伯斯離開了蘋果另起爐灶，建立一家名為NeXT的新創公司。

值得一提的是，有些蘋果的高階員工追隨前任主管，一起來到他的新公司。當時三十一歲的賈伯斯，是一個傲慢自大的大富豪，他基本上永遠都相信自己是對的。他嚴苛且要求高，損人可以損到很誇張的地步。那麼，為什麼這一群心思敏銳、專心致志的人會離開穩定的工作，繼續與他共事？

安蒂．康寧罕（Andy Cunningham）給了我們一些頭緒。她是賈伯斯的公關經紀人，幫忙推出麥金塔（Macintosh）電腦，在NeXT和皮克斯（Pixar）時代繼續和賈伯斯合作。我和康寧罕一談，以了解在和知名的前主管共事經驗中她最珍惜什麼。

「我有五年時間和賈伯斯密切合作，非常難得。」康寧罕對我說，「外面的人看到的，是他激發人心的訪談和才氣縱橫的專題演講，那就是他這個人。雖然他會表現得很嚴苛，但和他共事是一種榮耀。人生中偉大的事都需要犧牲，但就因為必須取捨，才有價值。」[1]

「賈伯斯每天都在情緒層面上觸動我，驚奇、憤怒、滿意，全部一起來。他帶領我走到我根本沒想過自己能到的境界。」

如果你見識過賈伯斯進行的任何一場知名產品上市活動，就會親眼看到這種能力。賈伯斯知道如何進入群眾的情緒裡。消費者之所以想要蘋果的產品，是著眼於這些產品讓他們得到的**感受**。

然而，批評者認為，賈伯斯無論如何都會有成就，**儘管**他無能妥善處理情緒（包括他自己的與他人的）。

那麼，賈伯斯是一個具備 EQ 的人嗎？

在回答這個問題之前，我們要先了解 EQ 的核心概念。

定義EQ

高曼一九九五年出版《ＥＱ》（*Emotional Intelligence*）一書時，少有人聽過這個詞。這在學術圈裡也是一個新概念；兩位心理學家約翰．梅爾（John D. Mayer）與彼得．沙洛維（Peter Salovey）提出一套理論，認為人有各種智力能力，同樣也具備廣泛的情緒技能，會深刻影響自身的思考與行動。

然而，《時代》（*TIME*）雜誌一九九五年十月二日以這個概念為封面主題之後，一切就改變了。這本雜誌鏗鏘有力地提問：「你的ＥＱ是什麼？」《ＥＱ》一書在《紐約時報》（*New York Times*）暢銷書排行榜上獨占鰲頭長達一年半，最後翻譯成四十種語言。[2]《哈佛商業評論》（*Harvard Business Review*）表示，這是一個「革命性」且「打破既有範式」的概念。這本書的一夕爆紅，讓很多人重新思考自己對於智力與情緒行為的觀點。

雖然「ＥＱ」在當時是一個新詞，但背後的概念卻不盡然。幾世紀以來，領導者與哲學家不斷呼籲追隨者去思考情緒如何影響行為。一九八〇年代初期，傑出的心理學家豪爾．嘉德納（Howard Gardner）提出一套理論，[3] 認為情緒智商並非一種一般性的能力，比較適當的說法是，人擁有並可以精通幾種不同類型的「情緒智商」，包括：理解自身感受和感受如何影響行為的能力（這是內省智能〔intrapersonal intelligence〕），以及理解他人情緒行為的能力（這是人際智能〔interpersonal intelligence〕）。

而高曼、梅爾、沙洛維以及其他人則幫助我們檢視自身的情緒。隨著ＥＱ這個領域的知識不斷發展，也導引出更多的研討探究以及新的洞見。

那麼，我們要如何定義ＥＱ呢？梅爾和沙洛維在原始論文中這樣說道：

> ＥＱ是一種能力，用以體察自身與他人的感覺和情緒、加以區分，並善用本項資訊引導個人的思考和行動。[4]

請注意，根據定義，ＥＱ的重點在於實際應用。這不只是一項關於情緒本身及情緒如何運作的資訊而已，而是一種個人能力：能應用這項知識來管理本身的行為或和他人之間的關係，以得到想要的結果。

簡而言之：EQ是一種能力，讓情緒助你一臂之力，不會扯你的後腿。

放在實際的生活中來看又是怎麼一回事呢？

假設你和別人在對話，忽然之間，氣氛從友善的歧異變成激烈的爭辯。當你體認到情境變得過於情緒化時，你很努力想讓自己的情緒「在掌控之中」。你可能會離開現場，以免自己說出或做出日後會遺憾的事。

或者，你會體認到，雖然你很冷靜，但對話夥伴卻處於某種情緒狀態，正以不理性的態度發言、行事。接下來，你可能會設法緩和情勢，或溫和地改變話題。如果必須繼續討論，你或許會決定等一等，直到對方的態度冷靜下來，同時小心思考自己要如何用最好的方式重提這個主題。

EQ 是一種能力，讓情緒助你一臂之力，不會扯你的後腿。

這些範例的重點，不是告訴你應該避免所有類型的衝突或激烈討論，而是要學會辨識何時可能出現這些情況，好讓你不會誤觸地雷，不要用會讓你後悔的方式來因應。EQ也涉及要學著從他人的觀點來檢視自身的想法和感受，不要讓你的情緒對事態造成影響，導致別人還沒聽到你的意見就先打折扣了。

上述談的這些，都只能算是開場白而已。

四種能力

為了幫助你更完整地了解EQ，我將EQ分解成以下四種一般性能力來討論。*

* 本書使用的「四種能力」架構，是我自己根據高曼的理論做出的解讀，EQ包括四個「領域」，高曼稱之為：自我覺察、自我管理、社交認知與關係管理。[5]

自我覺察（self-awareness）：這種能力指的是去辨識並理解自身的情緒以及情緒如何影響你。這表示要體認到情緒如何衝擊你的想法與行動（以及你的想法和行動如何反過來影響到情緒），還有你的感受會如何幫助或妨礙你達成目標。

自我覺察包含了體認自身情緒的傾向、優點與缺點的能力。

自我管理（self-management）：這種能力指的是設法管理情緒，讓你能完成任務、達成目標或創造益處，其中它包括了自制力這種特質，指控制自身情緒反應的能力。

情緒是你天生、本能的感受，它會受到你獨特的大腦化學反應影響，因此，你不見得時時都能控制你的感覺；但是，你可以控制自己如何根據這些感覺行事（或是克制自己不要有所行動）。練習自制可以降低你說出或做出日後追悔之事的機率，在情緒高漲的情況下尤其如此。

當時間線拉長，自我管理甚至可以幫助你在事前主動形塑你的情緒傾向。

社交認知（social awareness）：這種能力是指能精準認知他人的感覺，並理解這些感覺如何影響行為。

社交認知的基礎是同理心。能同理，你才能從他人的觀點看到、感受到事物。同理心使你能認同他人的渴望和需求，讓你更有能力去滿足這些欲望，讓你的付出更有價值。社交認知也能讓你更全面看到他人的需求，幫助你理解情緒在關係中所扮演的角色。

關係管理（relationship management）：這種能力讓你能從和他人的連結當中獲得最大收穫。

這當中包括透過自身的溝通和行為以影響他人的能力。你不用強迫對方行動，而是利用洞見和說服力來激勵他們，讓他們自願起身而行。

關係管理也涉及為他人帶來情緒上的益處。能做到這一點，將能逐步提高信任度，並強化你和對方的聯繫。這四種能力彼此相關，相輔相成，但是，一種能力不見得必然**取決**於另一種。這四種能力中，你可能天生精於某個特定面向，但在其他方面表現很弱。比方說，你可能善於察覺自身的情緒，但是要管理這些感覺對你來說卻耗盡了心力。提升自身EQ的關鍵，首要的是找出自己的人格特質與傾向，之後提出策略盡量放大優點、降低缺點。

再來，社交認知這種特質，是指能預測並理解他人感受的能力，避免你對他人造成不必要的冒犯，這種技巧會讓你更加討喜，並吸引更多人主動接近你。然而，這種特質也有可能對你造成阻礙，使你在應該大聲站出來說話時變得裹足不前，或者因為擔心別人的反應而不願提出嚴厲（但有益）的回饋意見，同樣的特質可能會因此變成缺點。

換句話說，如果你的社交認知敏感度高，同時又能和其他三種能力互相調和，便能達成最高的成效。自我覺察會幫助你辨識你的社交認知何時讓你百般躊躇、不願講出有用的話或去做有用的事。自我管理則是幫助你做好準備以因應這種情況，並培養相關習慣以激發你展開行動。最後，關係管理的能力將幫助你說出該說的話以達成目標，同時提高影響力、減緩他人受傷的程度以及培養信任感。

當你繼續往下閱讀本書，將會學到這四種ＥＱ技能各自的不同面向，以及如何妥善運用它們。

什麼是EQ？如何衡量？

雖然有很多研究人員在研究上以及學術期刊上喜歡把情緒智商縮寫為EI，但是EQ（精準來說，EQ是「emotional intelligence quotient」的縮寫，意為情緒智能商數）一詞比EI流行，在任何語言中都很容易理解。如果你回顧一下我們在日常對話中如何使用「IQ」一詞，就會了解。以運動領域而言，我們會說通曉該項運動的人具備很高的IQ（「他們的棒球〔或足球〕IQ很高」），意指他們通曉這項運動的規則和策略。實際上，這種能力並沒辦法真正加以衡量出一個「商數」，但是很實用也易懂。

同樣的，當我們說到某個人的「EQ」時，指的是對方在理解情緒以及情緒如何作用上的能力高低。然而，如果這項知識無法實際運用，價值就非常有限。

換言之，真正的EQ是能應用的EQ。

有許多評估方法宣稱能衡量EQ，但，這類測試的效果相當有限：它能給你一個大致的概念，讓你知道自己有多了解情緒以及情緒對於行為的影響，卻無法評估你是否有能力將這些知識落實在日常情境中。與其試圖量化EQ，不如聚焦在如何培養成長型的心態（growth mindset），反而更加實用。＊

一開始請自問：我在何種情況下會發現情緒在扯我的後腿？

舉例來說：

- 一時的火氣讓你說出或做出日後會懊悔的事。
- 你因為心情好而同意了某個要求，後來才發現你其實沒有想好。
- 你無法了解對方的感覺，結果引發焦慮或導致溝通破局。
- 你發現管理衝突很困難。
- 你因為不必要的焦慮或恐懼而錯失大好機會。

一旦你找出了自己在哪些情況下會受到情緒的阻礙，請繼續前往步驟二：讓你信任的人提供你回饋意見。此人可以是你的配偶或其他家人、密友、名師或是其他知心好友。你要向他們說清楚，你正在努力想辦法讓自己變得更好，所以需要他們坦誠回答以下問題：「你覺得在哪種情況下情緒會扯我的後腿？」接著請給對方充裕的時間，讓他們能想一想這個問題，然後與你討論他們的答案。

本練習非常有價值，因為你的觀點基本上建構在潛意識層面，容易受到各種不同因素影響，例如：

- 你成長的地方。
- 你如何被撫養長大。
- 和你建立關係的人們。
- 你選擇思考的事物。

* 成長型心態這個概念近年來很風行，部分理由出於史丹佛大學心理系教授卡蘿・杜維克（Carol Dweck）所做的研究。在《心態致勝》（*Mindset*）一書中，杜維克大力主張，比起認為自身才華是天賦、發展潛力有限（固定型心態）的人來說，相信自己可以藉由努力工作、善用適當策略以及接納他人回饋意見（成長型心態）來培養出自身才華的人，多半更有成就。第三章會進一步探討成長型心態和ＥＱ之間的關聯。[6]

本討論的目的不在於判定其他人對你的看法是錯是對，而是了解別人看你和你看自己之間有何差異，並討論這些差異帶來的結果。好好想一想這個問題，配合你得到的坦誠回饋，可幫助你培養出自我認知，並找到對你來說必須要優先處理的弱點。

最終目的

回到我們在簡介中提過的問題：賈伯斯具備EQ嗎？

他顯然找到方法，可以激勵、鼓舞很多和他共事的人，以及全球千百萬的消費者，甚至跨越語言和文化的障礙。這些代表了高度的社會認同以及影響能力，後者是關係管理的關鍵面向。

但他那種讓很多人憤怒又沮喪的溝通風格又該怎麼解讀？大家都知道他是極端陰晴不定的人，在眾人眼中傲慢且自戀。他的態度讓很多人受傷，包括他的家人以及和他親近的人。賈伯斯本人將這一點歸咎於缺乏自制。替他作傳的華特．艾薩克森（Walter Isaacson）曾經問他，為何有時候態度會這麼惡劣，賈伯斯回答：「這就是我，你不能期望我成為不是我的那種人。」[7]

艾薩克森在那兩年花了大量時間與賈伯斯合作，他訪談過百位以上這位知名企業家的親朋好友、競爭對手與工作同仁，他另有不同看法。

「他傷害別人時，不是因為他無法察覺情緒，」艾薩克森寫道，「實際上恰恰相反，他是藉此估量對方、了解對方心裡的想法，並分析要如何和對方搭上線、勸誘對方或傷害對方；至於是哪一種，就看他高興了。」如果賈伯斯可以回到過去、重做選擇，他會做些改變嗎？這就不得而知了。但是，他的故事蘊藏著鮮明的寓意：EQ會以各種方式展現。除了決定你想培養**哪些**能力之外，也要選擇要如何應用。重點是我們必須明白，就像「所謂」高智商的人各有不同的人格特質，高EQ的人也一樣。有人直接有人迂迴，有人外向有人內向，有人天生富有同理心也有人完全不然，而且，這全都不是決定你EQ的因素。

Chapter 2

Under Control

Training and Honing Your Emotional Abilities

第二章

掌控之中

訓練情緒能力並保持敏銳

你的情緒是想法的奴隸，而你是情緒的奴隸。

*——美國作家伊莉莎白．吉兒伯特（**Elizabeth Gilbert**）*

二〇〇九年一月十五日，美國航空（US Airways）一五四九班機正要從紐約飛往北卡羅萊納州夏洛特市（North Carolina）。對機長切斯利·「薩利」·薩利柏格三世（Chesley B. "Sully" Sullenberger III）來說，這不過就是另一趟例行航班，是在他幾十年機長生涯裡飛過幾千趟航程中的一趟。

然而，飛機還沒爬升到三千英尺，薩利柏格和他的第一副機長傑夫·史基爾斯（Jeff Skiles）就發現有一群雁直接衝向他們，不到一秒的時間，雁群就撞上飛機，嚴重損毀兩架引擎。

「雁群撞上飛機時，感覺就好像被暴雨或冰雹攻擊。」[1]薩利伯格說，「聽起來就像是我聽過最不祥的暴風雨……發現引擎已經不動時，我知道這就是我人生至今要面臨的，最嚴重的飛行挑戰。這是我有生以來體驗過最糟糕的感覺，噁心、腸胃翻攪，飛機可能會從雲端直摔到地面。」

薩利伯格湧出很多想法，最初的兩個念頭源自於不敢置信：**不可能發生這種事。我不可能會發生這種事。**

他說，伴隨著這些想法的，是急速飆升的腎上腺素與血壓。在接下來幾分鐘，他和史基爾斯需要快速做出一連串決定。要權衡的因素太多，根本沒有時間詳細溝通或計算。一般的應急流程在設計上本來就只有幾分鐘可以準備，並且要在幾秒鐘內執行。

憑藉多年的經驗，薩利伯格判定，若想拯救機上一百五十五條人命，他最大的機會是嘗試去做他從沒做過的事；實際上，也罕有機長受過訓練執行這類不可能的任務：試著在哈德遜河（Hudson River）上降落。

在引擎受到攻擊後短短二〇八秒內，薩利伯格排除萬難，英勇且安全地將飛機駛入河中，接近曼哈頓中城。在機長、第一副機長、航管人員、空服員以及幾十位急難救助人員通力合作之下，一百五十五名乘客與機組人員全數生還。這次的事件被譽為「哈德遜奇蹟」（Miracle on the Hudson）。

回顧過去，薩利伯格還深深記得事發當時的感受。

「我可以感覺到我的身體變化，」他說，「我感覺到腎上腺素湧上來，血壓和脈搏都在狂飆。但同時，我也知道我必須集中精神處理手邊的任務，不能因為生理感受而分心。」

對全球千百萬人來說，薩利伯格在那個寒冷冬日裡完成的任務超乎常人，是英雄般的驚奇之舉。這位機長以及副機師和航管人員，如何想辦法控制情緒，完成這次的「奇蹟」？

答案不在那個奇蹟當下的時刻，而在於事發之前多年來的訓練、演練與經驗。

台下十年功

薩利伯格在奇蹟時刻達成的成就，並非運氣好。快速檢視他的經歷，可以看出多年來他培養了哪些技能：他曾是美國空軍飛行員，駕駛過戰鬥機，開民航機的資歷也已經近三十年，更參與過意外事件調查，並指導機組人員因應空中遭遇的危機。

「說到底，從很多方面看來，我認為，是我到那時之前的人生做好的許多準備，讓我能好好因應那一刻。」[2]薩利伯格在接受記者凱蒂・庫瑞克（Katie Couric）訪談時這麼說。

哈德遜奇蹟完美闡述了EQ前兩種能力所能發揮的力量：自我覺察與自我管理。在萬分苦惱的時刻，薩利伯格展現了驚人的自我覺察：認知與了解自己的身體正在經歷哪些情緒上以及生理上的反應。之後，他展現出色的自我控制（這是自我管理的關鍵面向），用他的意志力來控制局面。

庫瑞克問薩利伯格這是否很困難？她要問的，是關於克服強烈的生理反應並努力冷靜下來以面對整個情況的這件事；薩利伯格的反應讓人有點訝異：「不難，只需要一點專注力。」

你或許從來不曾遭遇像這樣的處境，但是，未來你也可能會面臨改變一生的轉捩點。你展現出的自我覺察與自我管理的能力，將影響你在那些時候所做的決定。而你要如何培養出這些能力？

要從事先準備開始。

這也是本章的目的：介紹能幫助你培養自我覺察與練習自我管理的工具和方法。我會說明問對問題與拓展情緒詞庫如何幫助你更了解自己，也會讓你知道如何把這項知識變成你的優勢。接下來，我會說明在情緒激動時專注於想法上為什麼重要，並分享實用的記憶工具，幫助你達成目的。

提問與反省

EQ始於自我覺察。我們大多用自然反應來面對生活中的大小事，卻沒有多花時間去思考我們如何應對或為何會有這些反應。這樣的運作方式限縮了我們對於自身行動與傾向的控制。

培養自我覺察最好的方法之一，就是問對問題。做到這一點便能開拓你的視野，並讓你透過他人的眼光看到自己。此外，你將透過這個方法得出新的洞見，看透別人的思考與感受過程。

我們在第一章談過，只要問一個問題就可以更了解自己：在哪種情況下我會發現情緒在扯我後腿？除此之外，你還可以自問以下這些問題：

- 我（或你）會如何描述我的溝通風格？我直接嗎？輕率嗎？明確嗎？模稜兩可嗎？微妙嗎？得體嗎？其他人如何描述我的溝通風格？
- 我的溝通對他人產生哪些影響？
- 我（或你）如何描述我的決策方法？我做決定的速度是快或慢？哪些因素會影響我？
- 我當下的心情如何影響我的想法與決策？
- 我（或你）如何評價我的自尊與自信？我的自尊與自信如何影響我的決策？

- 我的情緒優點是什麼？缺點又是什麼？
- 我對他人的觀點是否抱持開放態度？我是否太容易被他人所左右？
- 我的態度應該是更存疑還是更相信？為什麼？
- 我是否很容易就聚焦在他人的正面或負面特質上？
- 他人的哪些特質會對我造成困擾？為什麼？
- 我對他人的態度通常是「往好處想」嗎？為什麼或為什麼不？
- 我犯錯時會很難認錯嗎？為什麼或為什麼不？

這只是少數範例；你的目標不是坐下來、花一整天的時間完完整整回答這些問題，而是去培養出一種學習心態。自問這些問題會激發你提出更多問題，讓你更懂得自己並理解情緒是如何影響你。

TRY THIS

在這個星期撥出一點時間，回答以上其中幾個問題。避免輕率的答案，請深入思考並徹底探尋自我，每個問題至少花五分鐘（不只是在腦子裡想，把答案寫下來，會更有幫助）。嘗試腦力激盪一下發想更多問題，針對你的感覺好好回答。等到下一次你經歷強烈的情緒反應時，自問為何你會這樣回應，以及你從這次經驗當中學到了哪些別的事情。

使用你的情緒詞庫

某日，一股你沒體驗過的強烈痛苦讓你醒過來，因此你決定去看醫生尋求協助。醫生很快就進來看診，並且請你描述你剛剛經歷的痛楚。根據經驗，你可能會使用以下的字眼：劇痛、隱隱作痛、燒灼感、刺痛、疼痛、絞痛、持續性的痛、強烈的痛、撕裂痛、噁心、抽痛、一碰就痛。你把痛描述得愈具體，醫生就愈容易診斷出問題，然後對症下藥。

這種做法對你的情緒也有同樣的效果——用愈具體的字眼來描述感受，你就愈能進行「診斷」——幫助你自己了解情緒來自何處以及理由為何。正確的用詞可以幫助你找到感受的根源，讓你更能用其他人能理解的方式進行溝通。

為了便於說明，我們假設你上了一整天的班，回家後又和另一半大吵一架。對方問你為何心情這麼糟，你自己也不知其然。你可以說你很生氣或難受，但是深入思考自己的感受之後，你覺得很受傷或覺得遭到背叛。理由呢？是因為你的伴侶當天早上說了一些刻薄的話，雖然你當時沒說什麼，覺得自己可以撐過去，但現在看來，傷口顯然比你想像中更深。坦誠的對話可以幫助你的伴侶理解他們所說的話如何對你造成傷害，或是更理解你在特定情況下會有哪些感受。

TRY THIS

下一次當你出現強烈的情緒反應時，記得事後花點時間處理，不僅要處理你的感受，同時也要找到理由。試著把你的感覺化成文字，愈具體愈好。之後，再判定你要如何面對這種情境。

聚焦在控制你的想法

情緒對行為大有影響，也因此，自我管理（即管理感受與控制反應）的能力極為重要。如果你更能控制衝動，就能讓你的行動更契合你的價值觀。這可以幫助你培養出果決與耐力等特質，這些特質又能促使你達成所想的目標。自我管理的重點不僅是要避免日後會遺憾的行動，也代表要找到方法刺激、激勵自己，在困難重重之時挺身而出、採取行動。

那麼，你要如何培養必要的自制力，讓情緒助你一臂之力，而不會扯你的後腿？

你會有的情緒多半發自本能，因此，你無法去控制在哪個時候會產生哪些感受，但是，你可以控制自己如何回應這些感受，試著聚焦在你的想法上。

這不表示你可以限制想法進入心裡。我們都可能會有一些不好的想法，也會被各種自己無法控制的因素影響，包括基因和生長環境。

但就像一句老話：你或許無法阻止鳥在你頭上停住，但是你可以別讓牠在你頭上築巢。

自我覺察和自我管理相輔相成。一旦你培養出一定程度的自我覺察，便會注意到你的情緒何時開始周旋或者失控。可以借用你最愛的媒體播放器上的控制鍵做比喻，如同你看電影或聽音樂時會很順手地去按下這些控制選項一樣，你在某些情境下也具有控制想法的能力。而以下介紹的方法可以有效地幫助你管理自己的情緒反應：

一、暫停

在你的工具箱裡，暫停是最重要的情緒管理工具。暫停時，你必須花時間停下來思考，再開口說話或有所行動。這麼一來，可以預防你說出不該說的話或做出日後會後悔的事。

然而，暫停不見得只有在讓人難過的情境中有效而已。我們常會受到誘惑，想要好好把握當下看起來絕佳卻並沒有通盤考慮的機會。你有沒有發現，如果帶著好心情（或者，也可能是壞心情）去購物，通常容易花掉太多錢？而暫停可以幫助你辨識心情，判斷你到底是真的想買，還是之後會後悔。

運用暫停的方法有千百種，你可根據情況做不同的練習。難過時，你可能會發現，在心裡從一默數到十很有用。其他時候，你可能需要讓自己實際離開當時的情境。

暫停理論上很簡單，實作卻很困難。就算你已經培養出良好的自我管理技能，額外的壓力或當天諸事不順等因素，都可能在任何時間點妨礙你喊暫停的能力。正因如此，訓練自已經常運用暫停非常重要。長期下來，你會養成審慎回應的習慣。

TRY THIS

如果你覺得自己開始用情緒化的反應來面對某個情境，請暫停一下。可能的話，去走一走。冷靜之後，再回來決定該如何應對和解決。

二、調整音量

溝通時，和你對話的人會使用「你所選擇的相同風格和音調」來回應你。如果你用冷靜、理性的聲音說話，他們也會有類似的反應。若你嘶吼或大叫，他們也會開始如法炮製。

這就是你若能有效控制音量可以發揮之處：如果你需要進行一場情緒高昂的對話，請用冷靜且鎮定的態度發言。

TRY THIS

如果討論開始白熱化，請把你的語調「收斂一點」，放軟語氣或降低聲音。

你會很驚訝地發現對方也跟著你這麼做。

三、靜音

如果和對方的互動變得很情緒化，你也無法選擇離開現場，此時你則是需要按下靜音鍵；換言之，別再說下去了。

因為此時此刻講出你的觀點對整個情況毫無益處，反而還會讓問題更嚴重。按下靜音鍵，可以讓對方不受打擾地充分表達他們的感受。

當然，坐下來靜靜聽著對方的怒吼或長篇大論並不容易。你要如何管理自己在這些時候的情緒？

TRY THIS

深呼吸，提醒自己，你和溝通對象的心情只是暫時的。請記住，對方當下所說的話可能會變得極端或誇大，請不要衝動還以顏色。

很多時候，一旦對方發洩完了，就會冷靜下來。如果你還在靜音模式，請務必記住這一點。

四、錄音

這裡的錄音是指專注傾聽，旨在多了解對方的觀點。換言之，不要為了設想之後該怎麼回應才去聽對方的想法，反之，你的傾聽是為了理解。

TRY THIS

當你調整到對方的頻率時，請抗拒自身的衝動，不要急著批判、提供建議，甚至去找根本的問題與解決方案。

相反地，請把重點放在蒐集資訊，目標是要得出見解：更了解對方如何看你、如何看待自己與如何看待情境。透過凝神傾聽，你或許能夠找到自己的知識或認知中的落差，或發現你之前一無所知的根本性誤解。

五、倒帶

一場討論之所以讓人情緒激動，通常是因為問題早已根深蒂固，如果不管源頭，問題很可能繼續發散。也因此，你沒辦法為了要徹底離開整個情境而喊暫停或按下靜音鍵。反之，當彼此都冷靜下來之後，請用倒帶的心情重新討論該課題。

TRY THIS

在重新討論棘手課題之前，請謹慎思考要在何時以及何地發言，目標是促成冷靜且理性的討論。

同樣也很重要的，是要思考如何重啟話題。例如用比喻開頭、用感恩的態度開頭，或是利用你和對談方達成協議之處開頭，或許可以讓對方放下防衛，用更開放的態度對待你要說的話。

六、快轉

快轉到結局可能會毀了一部電影，但是，在處理情緒時卻是非常好用的技巧。如果你發現自己的情緒變得激動時，請退一步，思考一下你的行動將導致哪些短期與長期的後果。

假設你有一位同事多年來不斷對你表達愛意，但你已經明白告訴對方你早就擁有一段美好戀情，因此毫無興趣。但，有一天，你和伴侶大吵一架之後，你有了不同的想法。對方的追求忽然間讓人覺得很開心，而且極具誘惑力。

現在請你快轉，忘掉當下的感覺，並自問：這個決定在一個月內會對你造成哪些影響？一年內呢？五年內呢？想一想你的所作所為會如何衝擊到你的配偶、家人、良心，甚至你的工作。

TRY THIS

如果情緒影響了你的判斷，請花點時間快轉。這麼做可以讓你認清心情，並做出讓你滿意的決定。

七、預告

在尋求動力或對抗拖延傾向時，預告很有用。你可能沒有動機花九十分鐘甚至更長的時間去看一部你一無所知的電影，但你或許願意看一下比較短的預告片。同樣的，五分鐘的任務預告（或預覽）可以讓你說服自己應該堅持下去。

預告在傳統認知行為治療法中有另一個名稱，叫「五分鐘法則」（five-minute rule），方式如下：強迫自己去做一項任務，五分鐘就好，你五分鐘之後就可以閃人，如果你想的話。當然，多半的情況是，你會受到激勵繼續做下去。五分鐘法則之所以有用，是因為就多數任務來說，凡事起頭難。

心理學家安卓亞．邦妮爾（Andrea Bonoir）表示：「我們都很怕任務中看起來雜亂無章的細節，**正因為**那麼多、那麼亂，我們害怕可能要花掉兩星期或兩天才能理清楚頭緒。」[3]但是，只要能克服心理障礙、開始行動，便能讓你的精力和動能開始流動，使你更有可能回到這件任務上並繼續做下去。

TRY THIS

如果你很難找到開始做某件事的動機，請給它五分鐘。

幫助你挽救人際關係的三秒妙招

我們已經看到問題如何幫助我們培養自我覺察，按下暫停鍵又如何能讓我們做出更明智的決策。現在，我們要結合這兩套方法，看看在對的時間問自己對的問題如何幫助你有效管理情緒反應。

多年來，我很努力對抗自己還沒有考慮透澈，話便脫口而出的傾向。為了改正這個缺點，我開始用一套我從一個難以想像的地方找到的「三道問題法」。多年前，喜劇演員克雷格．費格森（Craig Ferguson）在一段專訪中提出以下建議：

在你把話說出口之前，務必先自問以下三點：

- 這話有需要說出口嗎？
- 這話需要由我來說嗎？
- 這話需要由我現在來說嗎？

多多練習之後，只需要幾秒鐘你就能在心裡想透這三個問題（費格森用了三段婚姻才悟出這番心得）。

以我而言，這快速的心理對話好比救生圈，不只一次救我免於說出我很快就會後悔的話，不管於公於私都有用。這樣做也不會妨礙我在適當時機把話說出口；很多時候，即便我要說的話會讓我或對方不自在，但是，當這三個問題的答案都是響亮的「是」之時，這套方法讓我能帶著信心發言，在重要時刻更加堅定果決。

然而，你的個人特質可能正好相反。如果你天生容易遲疑不定，不知道該不該表達自己的意見，你最不需要的就是阻止自己把話說出口。你反而應該用以下的問題幫助你管理自己的情緒反應：如果我現在不說，之後會後悔嗎？

這裡只舉了兩個範例，重點是先利用問題和反省以理解你的習慣與性格傾向。一旦你培養出這類的自我覺察，就可以腦力激盪想出專屬於你的問題，讓你的情緒保持平衡。

TRY THIS

花點時間思考一下你個人的溝通風格。你是經常無意之間說錯話，太容易承諾別人或是說出之後會後悔的話，還是通常都是閉口不言、等到之後才後悔自己之前沒有表達意見？試著使用上述的問題（或想出一些你專屬的問題），幫助自己有效管理情緒並以之為行動依據。

管理心情

憤怒、挫折、恐懼、妒忌、悲傷、噁心等等，都是所有人會經歷的負面情緒，如果不去控制，將會造成巨大的傷害。

有時候，這些感覺可能是生理問題的指標。你餓了嗎？低血糖可能導致你瞬間陷入低潮，迅速補充一點食物就能讓你回歸常態。你睡飽了嗎？研究指出，睡眠不足會嚴重耗損你管理情緒反應的能力。[4]

有時候，負面情緒也有用處，前提是你能學會有效駕馭。以下這兩種方法都可以幫助你做到。

一、將負面情緒當成變革的催化劑

哈佛大學心理學家蘇珊．大衛（Susan David）在《情緒靈敏力》（*Emotional Agility*）中說到，這類負面情緒實際上是鼓勵我們慢下來、想一下，多多注意細微的細節，不要只是仰賴快速的結論。

「『負面』心情將喚起更體貼、寬容的思維模式，讓你用新穎且有創意的方式真正地去檢視事實，」大衛寫道，「太過洋洋得意時，我們通常會忽略重大的威脅與危險……當我們有點驚恐畏縮時，才會聚焦並深入探查。處於負面心情的人通常比較不容易受騙，也比較多疑，快活的傢伙則很容易就接受了便宜行事的答案，相信了虛偽的笑容。」[5]

千萬不可根據暫時的情緒去做長期的決定。

若想從負面情緒中受惠，你需要決定要如何利用它們。

舉例來說，大衛提到她剛開始周遊列國、去會見接受她指導諮商的客戶時的事。坐在精緻的旅館客房欣賞美景、享用客房服務時，她體驗到一種意外的感覺：愧疚。她難以克制地想著：在她享受自由的同時，她的先生正在和孩子們奮戰。

「我早已知道我的愧疚可以幫助我訂下事情的優先順序，讓我重新調整自己的行動。」她這麼寫，「旅途中的愧疚感發出信號，讓我知道我想念孩子們，也珍惜我的家庭，提醒著我要花更多時間和他們相處，這樣的人生方向才是對的。我的愧疚是閃著光的指示箭頭，指出我愛的人是誰以及我想過的是哪種生活。」

二、借重負面情緒提高專注力

要做到這一點，你必須要有方法將自身的感受分門別類，並導引到正面的行動上。

麗莎．費德曼．巴瑞特（Lisa Feldman Barrett）是東北大學（Northeastern University）的神經科學家兼心理學教授，她在《情緒如何產生》（*How Emotions Are Made*）一書中講到一種你可以用來因應情緒的方法。[6]如果你在參與某些活動之前感到緊張，她建議你別把這些感覺歸類成有害的焦慮（「喔，不，我要完蛋了！」），而是有益的預期（「我精力充沛，準備衝了！」）。

研究證明了這套技巧的價值所在。舉例來說，要參加數學測驗的學生如果把焦慮重新分類，想成是身體正在因應情境的信號，分數會比較高。[7]在另一項研究中，讓受試者從事各種任務，包括唱卡拉OK與公開演說。受試者收到指示，在唱歌或演說前要說「我很焦慮」、「我很興奮」或什麼都不說。與對照組相較之下，「興奮」的受試者唱得比較好，演講時更有信心與說服力。[8]

在其他時候，負面感受可能是出於暫時性的情境，因此你必須想辦法克服。

就以我的朋友茱莉亞（Julia）最近的經驗為例。

茱莉亞是一位臨床治療師，幫助其他人有效因應自身的負面情緒，但是，在辛苦一天之後，她自己卻很難做到。當她在購物中心長長的隊伍中等著付停車費時（她四歲的孩子還坐在後座），不幸的事件揭開了序幕：另一輛車從後面撞上來。這導致她當天傍晚花了一個半小時打電話給保險公司，還要一邊哄孩子入睡。等到事情都處理好、說好隔天和解，她也準備上床睡覺之際，馬桶不通了。她和丈夫一直奮戰到凌晨一點半，試著把馬桶修好。茱莉亞在清晨兩點鐘時終於爬上床，陪著她入睡的是一種她稱之為「動盪」的感覺。「有時候，哪天日子不好過時，我可以一笑置之，就這樣算了。」茱莉亞說，「但這次不行，這次實在太糟糕了。」

「但是，不斷自艾自憐，或是一味責怪、批評自己，並不會讓我比較好過。因此，我想辦法不讓自己的心情變得更加激動，也不想責備自己為了一點點小麻煩就心情一團糟，我深呼吸，認同並接納這些感受，然後提醒自己，這些感覺就像其他東西一樣，都是暫時的，我會撐過去的。」

茱莉亞承認當晚的負面情緒並沒有煙消雲散，但也沒有再「張牙舞爪」了。

「總有些時候日子比較難過，但，每個人都是一樣的。與其為此奮戰或是回過頭來和自己對抗，我們反而要承認並接受自己只不過是凡人，也會有負面情緒。這些感受都不是永遠的，而我們湧出這種感覺並不怪異，生活沒有崩壞，也沒有出什麼錯，只因為我們也是凡人。」

藉著承認、接受與努力撐過這些感覺，茱莉亞將「情緒化」變成「高情緒智商」。

TRY THIS

如果你發現自己正在和負面感受奮戰，請自問：這樣的感受要告訴我什麼事情？我能否利用這種感覺來激勵自己做出改變？或者，我能不能找到方法撐過這一天，相信明天就會變得更好？

六種培養高 EQ 的不可思議方法

研究人員發現，某些我們最愛的休閒活動可以增進我們理解與管理情緒的能力，以下這六種不可思議（且讓人很享受）的方法，可以強化你的 EQ。

一、看電影

如果你是電影迷，你就知道一部好電影可以激發出什麼樣的情緒反應：讓觀眾為有悲劇性格缺陷的角色掬一把同情淚，或是在勵志故事中振奮昂揚。因此，下一次你看完電影後，請花幾分鐘回想一下你在不同場景裡感受到的情緒。請自問：這部電影對我有何影響，原因何在？這麼做可以幫助你更理解自己的情緒反應。

二、聽音樂

音樂能對我們的情緒產生影響。下一次當你開啟播放清單時，請注意每一首曲子帶給你的感受，並試著判斷為何這些歌能引起你的共鳴。

三、閱讀

最近的研究指出，閱讀小說會對心智產生一種獨特的效應。[9] 當你沉浸在故事裡，想像力也跟著延伸了，你會把自己投射到角色上面，理解他們的想法、感受與動機。這可以培養同理心，使你得以運用在日常生活中。

四、參與運動與練習

研究人員以系統化的方式審視三十六項評估運動或體能活動情境中的 EQ 相關研究，他們發現，身體更能順利因應壓力反應、善用心理技能以及用較正面的態度看待體能活動等等，都和高 EQ 息息相關。[10]

此外，此篇論文的作者群主張，平時習慣參與運動項目的嚴格訓練、經常面對競爭壓力的人，較有能力可以理解、管控自身與他人的情緒。

五、寫作

愈來愈多研究指出，寫作，尤其書寫和創傷或壓力事件相關的內容，可以當作一種宣洩，對當事人的情緒健康大有好處。[11]

六、旅行

近期一項研究證明，長期旅行可強化情緒的穩定度，帶領當事人跳脫舒適圈，並有助於擴大視野。[12]

緩慢但確定

說到事發當天，人稱薩利機長的薩利伯格堅持他並非英雄。就像我的妻子常說的，英雄是冒著生命危險衝進火場的人。」[13]薩利在他的回憶錄裡寫道「一五四九班機事件不一樣，因為我和我的機組人員是身不由己碰上的。我們竭盡全力，扭轉人生列車的方向，我們做出了好決策，絕不放棄……而最後得到了圓滿的結局。我不確定所謂的『勇敢』說的是什麼情況。這比較像是我們有一套人生哲學，我們把這套哲學拿來用在所作所為上，那天是這樣，之前很多日子裡我們也是這樣做事的。」

凡事做足準備，我們也可以用相同的哲學來培養自我覺察與自我管理。

在本章中，我們談到一些可以用來強化情緒實力的練習。運動員必須學習適當的技巧才能在運動上表現傑出，同樣的，你也必須訓練你的情緒能力，方法是體認到情緒的力量，並學習用有益的方式來導引情緒。然而，就像要掌握體能訓練技巧需要時間一樣，在鍛鍊心智與情緒技能時，你也要有耐心。

一開始，先一次聚焦在一、兩種方法上就好。抽空坐下來想一想，善用書中提到的問題。尋找機會，把這些納入你的日常例行當中。之後，就像運動員一樣，你必須不斷練習，一直到你把這些習慣內化，變成你的第二天性。

當你培養出技能並累積出經驗，就能結合技巧與方法，在情緒面上打場大勝仗，轉換你最強烈的情緒，從蘊含毀滅的力量變成帶來益處的力量。

此時你或許不會自稱英雄，但是很可能哪天也力挽了狂瀾。

Chapter 3

Creatures of Habit

How Thoughts and Habits Affect Your Emotions

第三章

習慣的產物

想法與習慣如何影響你的情緒

注意你的想法，這些會變成文字；

注意你的文字，這些會變成行動；

注意你的行動，這些會變成習慣；

注意你的習慣，這些會變成人格；

注意你的人格，這會變成你的命運。

*——法蘭克．奧特洛（**Frank Outlaw**）*

某日，你坐在公園的長椅上，一邊沐浴在陽光裡，你看到一個年輕的父親（姑且叫他詹姆士）正和孩子玩耍。

詹姆士的手機傳出訊息提醒音。接下來幾分鐘，他轉移了注意力：他忙著讀取與回覆一封和工作有關的電子郵件。孩子們愈來愈不耐，懇請爸爸趕快回來玩。「等一等。」他說；他的眼睛盯住手機。孩子們很堅持，聲音愈來愈大，一次又一次喊著：「爹地……爹地……爹地……」

忽然間，詹姆士發火了。他大吼：「我不是叫你們等一下嗎！」短短這一刻，原本溫文儒雅的父親變形了。他的吼叫激出孩子的恐懼和眼淚。他趕快把電話放一邊，跑過來安慰孩子，後悔一開始拿出電話。

隔天，劇情重演。

類似的事情，也發生在一名叫麗莎的女子身上。上了一整天的班之後，傍晚時分她急忙趕往地鐵站，準備搭車。忽然，她的愛店裡擺出促銷告示，讓她分了心，她向自己保證，只進去「看一看就好」，她很清楚她沒有預算添新裝。短短幾分鐘內，她就看中了一雙她怎麼樣也脫不下的鞋，然而，她知道自己已經負債累累，過去幾個月，她的信用卡帳單金額不斷膨脹。

「這是最後一次了。」麗莎一邊想，一邊看著店員刷她的卡。

接著登場的是史蒂夫。他努力了很多年要戒掉菸癮，終於覺得自己有點進步了。他已經一個月沒抽菸，想抽菸的慾望也愈來愈小。

但是，今天在辦公室裡很難熬。他和主管講了一通很麻煩的電話，之後溜到朋友的儲藏處拿了一根菸，走到外面去。菸一點起來，他馬上就覺得內疚。

以上的故事，可能至少有一個會讓你心有戚戚焉。雖然環境或個人面對的具體誘惑可能不同，但行為模式通常很相像，全都導向一個無可逃避的事實：情緒和習慣盤根錯節，彼此相連。

人生二三事

說到情緒反應，每個人都有弱點。我們或許已經把暫停鍵納入日常生活中，但是偶爾還是會發出但願可以收回的電子郵件。我們努力傾聽並尊重其他觀點，一直到某個觀點挑釁了我們深深珍視的價值觀。

這些範例在在說明了要培養自我控制（這是一種讓我們管理自身想法、說話與行動的能力）有多困難，情緒高漲的情況下時尤其如此。

當你嘗試去掌握某種技巧或能力時，過程通常是這樣的：你學習理論，努力學以致用，你一而再、再而三練習……你開始有點進步，終於達到一定的水準。當然，永遠都有更上一層樓的空間，但，如果你回過頭看過去的軌跡，必能看出明顯的進步記號。你不是傳奇吉他手吉米・罕醉克斯（Jimi Hendrix），但比起一年前的自己，你絕對變成了一個更優秀的吉他手。

培養自我控制的成效慢，而且充滿挫折。長期下來，你只會看到些微的進步，然後，一次激昂澎湃的情境就讓你棄械投降了。你會說出令你日後懊悔無比的話，這會讓你備受打擊。很快地，你又會重拾原本的壞習慣。

為何培養自我控制如此困難？難道我們只能等著成為習慣的祭品，注定一輩子渾渾噩噩地重複這些行為嗎？

在本章中，我要分享大腦情緒設定背後的一些細節，說明這和成長心態有何關係，並探討改變習慣的流程。此外，我也會深入「情緒綁架」（emotional hijack）這個危險之地，教你如何逃脫。最後，我會檢視事前主動與事後反應行為之間的差異，並指出前者如何形塑、影響後者。

在這一章中，你會發現雖然改變一輩子的習慣不容易，但這是有可能的，我也會告訴你為何這麼做絕對值得。

重設大腦

人的大腦極為複雜，科學家還繼續努力以確實了解大腦的運作。而，最近的研究已經揭露了人腦讓人極為讚嘆的特質：大腦的改變能力。

「幾十年來，神經科學家假設成人大腦的型態與功能基本上是固定的，」知名神經科學家理查．戴維森（Richard Davidson）在《情緒大腦的祕密檔案》（*The Emotional Life of Your Brain*）裡這麼寫，「但我們知道，這種靜態、不變的大腦圖像是錯的。相反的，大腦有一種名為神經可塑性（neuroplasticity）的特質，這是一種可以大幅改變大腦結構與功能的能力。

改變的原因，是因為人要去回應得到的經驗，以及想到的想法。」[1]

花點時間思考一下。基本上，由於大腦的「可塑性」（或說是大腦的改變能力），你可以擁有一些主導權去掌控自身的「程式設定」。透過專心致志的想法與目的導向的行動，你可以影響你對於自身情緒反應與傾向的控制力道。

這套哲學和史丹佛大學心理系教授卡蘿．杜維克的發現不謀而合。[2]多年來，杜維克教授研究人們如何使用自我概念來導引自身行為、激勵自我以及養成自我控制。歷經幾十年的試驗，她證明了雖然人有某些與生俱來的才華或天資，但是，真正能幫助你成為理想中的自己的因素，是經驗、訓練和個人的努力。「在這種（成長型）心態下，你手上分到的牌不過是發展的起點，」杜維克在她的暢銷書《心態致勝》裡這麼說，「每個人都可以透過應用與經驗有所改變、有所成長。」

但，說到情緒，你真的想試著控制你的情緒體驗嗎？

讓我們來檢視一些狀況，讓你明白為什麼應該要這麼做。

逃脫情緒綁架

你是否曾經覺得自己成為情緒不甘不願的奴隸？如果你被設定成要用特定方式去回應某些特定狀況，是不是代表你對此就無能為力？

我們之所以用特定方式回應，理由之一是人的大腦設定成要用習慣性與情緒化的方式去回應某些觸發因素。這樣的反應和杏仁核（amygdala）有關；杏仁核是大腦中的一個部位，被認為是人的情緒處理器。[3]

杏仁核長得像杏仁，結構十分複雜，藏在大腦深處（這個名稱的源頭是希臘文的「amygdale」，也就是杏仁的意思），負責各式各樣的認知與情緒功能。大腦中實際上有兩個杏仁核，一邊（或說是左右半腦）各一個。杏仁核的結構在處理記憶時扮演要角；具體來說，是要將情緒的意義連上記憶。舉例來說，當你看到類似的面孔時，杏仁核就會開始運作：如果此人長得像你的好友，你會感受到一陣喜悅。如果長得像你看不順眼的人，你的感覺會剛好相反。

雖然這套決策流程有許多部分發生在大腦其他部位（例如前額葉皮質區〔prefrontal

cortex〕」，但科學家發現，杏仁核的偏好在某些情況下會變成主導。

舉個例子，讓我們回頭想一想本章開頭提到的詹姆士。當他聽到手機發出電子郵件提醒時，他就轉移了注意力。從身體來說，他仍坐在孩子的身邊，但是他的心思已經回到辦公室。當孩子們愈來愈不耐煩的同時，他們也接下了一項挑戰：要把爹地的注意力拉回來，不管用什麼方法都行。當孩子的懇求愈來愈強烈，做父親的就感到愈來愈煩躁，然後他就發火了。結果是什麼？一封沒寫完的電子郵件，兩個哭哭啼啼的小孩，以及所有人滿心的挫折。

這個簡單的例子，也就是高曼所說的情緒綁架：在這種情況下，情緒會支配我們習慣的思考流程。在這裡，我們可以把杏仁核的行動比作一種應變機制，比心智思考更優先，當我們感到焦慮或受威脅時，杏仁核就會飛快行動，啟動我們的「戰鬥—逃跑—僵住」（fight, flight, or freeze）的反應模式。做父親的想要完成自己的任務，孩子們則試圖阻止他這麼做，當父親的杏仁核把孩子的行動解讀為威脅時，就召喚出了立即且充滿攻擊性的反應。情緒綁架可以幫助我們，也可能傷害我們。在緊急情況下，杏仁核可以給你勇氣，讓你為了摯愛去對抗比你高大、強壯的攻擊者。但，杏仁核也可能促使你在一般日常情境中，做出充滿風險、不理性甚至危險的行為。

單是去理解杏仁核運作就相當於踏出重要的一大步，有助於辨識與了解個人情緒綁架，從而發展因應策略。如果你可以事先找出自己的觸發因素，那絕對是一件很棒的事，但可惜，事情總是不如預期：你搶先回應了某些刺激、說了不該說的話或做了不該做的事，日後再來懊悔。

現在你有選擇：你可以忘了發生過的事，繼續過日子，下一次面對相似情境時再以同樣的態度回應。或者，你可以整理你的想法與感受，就像整理一片片的拼圖一樣。當你開始理解你為何會這樣反應時，你就可以訓練自己的預設反應，讓你下一次可以有不同的作為。

如果你選了後者，你可以透過以下自省的問題來仔細衡量你的行為，藉此啟動新的思考流程：

一、為什麼我會這樣回應？

二、我的回應是幫了我還是害了我？

三、這次的情境應該如何放入更大的格局之下？也就是說，一小時後我會有什麼感覺？

一個星期後呢？一年呢？

四、我可能誤解或弄錯了什麼事嗎？尤其是在我最激動之時？

五、如果可以重來，我會做出哪些改變？

六、下一次我可以說些什麼話，幫助我想得更清楚？

這些問題的目的是讓你靜下心來想一想，幫助你未來更善於體認自己的情緒行為與傾向。之後，你就可以採取行動，改掉這些帶來限制或有害的行為。

那麼，這些東西在現實生活中是什麼模樣？

且讓我們假設，你開車時很容易被其他駕駛人惹怒。如果另一輛車太靠近或是插隊，你會覺得那是衝著你來的。在你還沒意識到之前，你已經陷入當下的情境了，你開車緊追不捨，或者試圖用其他方法報復，想讓對方知道誰才是老大。當然，由於你正被情緒綁架，根本沒想到你可能引發一場車禍，或挑起對方的暴力反應。

而，一會兒之後，你終於冷靜下來。謝天謝地，還好情況沒有失控，但你也知道這種行為以後可能會讓你陷入麻煩。

利用前述的問題作為基礎，搭配前一章學到的某些工具，日後碰到類似情境時，請自問以下問題：

- 如果我發現對方是出於一些情有可原的狀況，比方說急著把孕婦送到醫院或是要去探望受傷的家人，我對於這位駕駛人會有哪些不同的看法？
- 如果對方的行為不是故意的呢？我自己開車的時候不是也會犯錯嗎？如果我錯誤地超了別人的車，我會希望對方如何做？
- 如果我繼續報復對方，他們可能會有哪些反應？這會影響到我和我的家人嗎？值得冒險嗎？
- 這次的事件如何放入更大的格局之下？一小時、一星期或一年之後，我真的在乎有人超我的車嗎？

你的目標，是藉由這些問題來改變大腦處理情境的方式。如果你不再把另一位駕駛人的行為解讀成對你個人的攻擊，當你被人超車時，就會啟動大腦的其他部分，導向更審慎、理性的決策流程。

現在讓我們再回過頭去看詹姆士。對孩子大吼讓他覺得很愧疚，他希望自己能改變。反省之後，他理解到當他要一邊寫電子郵件、一邊陪孩子的時候，他很容易就感到挫折。也因此，他決定僅能在特定時候回覆訊息。他關閉手機上的訊息提醒（或是把手機關機），就不會每聽到一次提醒就想看一下。等到該檢查電子郵件時，他會替孩子做好準備，告訴他們：「爹地需要幾分鐘處理一下工作的事。」然後，他要確認孩子有人陪，有人看著。

這樣的深思熟慮，可以提升詹姆士的個人覺察敏銳度，並激發出更多的想法。長期下來，詹姆士會理解任何的多工任務都會嚴重損害他有效溝通的能力。憑著這番理解，他努力更聚焦。在辦公室時，他把手機放一邊，讓他能完成更多工作，只有在特定時間才查看手機。他專心致志，要完成一項任務（或至少要到一個好的停止點）之後，才開始做另一件事。在家裡，當妻子試著打開話題時，他會先請她給他一分鐘忙完手邊的事，這樣他才能給她全部的注意力。

這些改變太棒了。我懂，因為詹姆士就是我。（對，詹姆士就是我的中間名。）

我決定轉化情緒綁架，變為促成深思熟慮與反省的催化劑。當我重新評估我自己以及個人的進展時，我明白這些改變是必要的。

我發現到我的工作曾經變得非常危險——因為我開始愛上這份工作了。我太愛了，這是我唯一想做的工作。如果我離開電腦超過幾個小時，我就渾身不自在。只要一有機會，我就會回去做事。

我不想成為這種人。

幾年前我做了這些改變，得到的成果讓人興奮。我真的很愛我的工作，因此總是一直想要做更多、更多。我為了找到平衡、放眼大局，幾乎可以說是殫精竭慮（我並不完美，我的妻子幫了很多忙），但這也讓我感受到與妻子和孩子之間的感情更緊密了，比過去有過之而無不及。我在工作上的生產力更高，也大幅提升了專注力。這些簡單的改變，讓我成為一位更好的丈夫、父親與工作者。

這件事的寓意如下：情緒綁架不討喜，但無可避免，問題在於：你要怎麼處理這種事？憑著正確的策略，你可以把情緒綁架變成幫手，而不是敵手。

其中，很重要的是，你要理解這樣的調整不會一夜之間就完成了。就像俗話說的，積習難改。

設計你的習慣：事前主動，不要事後反應

另一個影響個人「程式設定」的因素，和我們養成習慣的行為有關。「科學家說，會出現習慣，是因為大腦不斷在尋找省力的方法。」[4] 暢銷書《為什麼我們這樣生活，那樣工作？》（*The Power of Habit*）的作者查爾斯．杜希格（Charles Duhigg）如是說。當大腦更有效率，我們就不需要時時想著走路、講話等基本行為，轉而把心智和精力用在其他事務上。（就是因為這樣，我們刷牙或路邊停車時會進入自動駕駛模式。）當大腦找到特定行為的常態模式時會得到獎勵，而這會催生出習慣。然而問題是，大腦並不知道好獎勵和壞獎勵之間的差異。本章開頭提到的女士麗莎，她之所以走進店裡不是因為她需要增添新行頭，她會這麼做，是因為已經養成了習慣——這個習慣會滿足她的好奇心，帶來情緒上的獎賞。同樣的，雖然史蒂夫極欲戒菸，但壓力過大時他還是投降了。他的大腦已經設定成要他從尼古丁的迷醉效果當中尋求放鬆。

你的壞習慣可能不太一樣。你可能喜歡熬夜看影集，但這麼做會導致你慢性睡眠不足，對你的心情造成負面影響。或者，你明明該離開去趕下一個約，你還是會哄騙自己繼續做眼前的事，而這會害你必須跟時間賽跑，替你的人生徒增不必要的壓力。

戒除壞習慣極具挑戰性，但事實上，你無須成為習慣的奴隸。科學家發現，習慣不會自己消失，但是可以取代。這表示，就算你多年來都習慣這麼做，卻不一定要渾渾噩噩地重複現在的常態，相反的，你可以設計自己的習慣，重新設定大腦。

舉例來說，我們來看看治療師布蘭特．艾特金森（Brent Atkinson）的研究。多年來，艾特金森為很多伴侶提供每週一次的治療，他發現，就算是最浪漫、對於個人行為有深刻見解的伴侶，也會重複陷

我們都是自己重複所做之事累積而成的結果。
傑出不是一項行動，而是一種習慣。
——美國作家威爾．杜蘭特（Will Durant）

入「老掉牙模式」。他認為這是因為案主的個人經驗所致。

「關於大腦的研究指出，人會在生活中發展出內化的機制，以應付讓他們感到難過的事。」艾特金森解釋，「大腦會整理這些因應機制，變成高度自動化且一貫、保護自我的神經反應程式。一旦形成神經反應程式，每一次被誘發時，就會出現可預測的思維、衝動與行動模式。神經反應程式會在人完全沒有意識到的情況下，嚴重偏離他們的認知與解讀……引發強大的攻擊、防衛和退縮傾向。」

換言之，你難過時的反應模式，是心智創造出來以保護自我的習慣，早已重複幾千次了。（很多已婚夫婦的爭執彷彿是照劇本演出，讓人很容易猜到接下來會怎樣。）要打破這樣的循環，關鍵是重新制約你在這些情境下的反應模式。

艾特金森和同事們協助客戶做到這一點，教導他們在壓力之下如何更靈活思考。他們指示案主，要案主請配偶在對另一方的行為有所不滿或不認同時就說出來，並用手機錄音下來，「就好像是留一個語音訊息給對方一樣。」

之後，這些治療師播放錄音檔給案主聽，目標是要幫助他們做到以下幾件事：

- 找出他們聽到對方抱怨時會出現的內在反應。
- 思考他們在這些時候的理想反應是什麼。
- 在他們覺得厭煩或難過時反覆練習新的思考與反應模式。

這麼做的成果很驚人，案主很快就學會在壓力之下放慢思考速度並改變因應模式。「對很多案主來說，這是有生以來第一次，他們能貼近觀察自己在被人批評時心裡發生了什麼事。」艾特金森說。

那麼，你要如何善用這些心得，套入你個人的經驗當中？

TRY THIS

若要嘗試改變你的慣性反應，請演練下列這套三步驟法。

一、動機

艾特金森指出，不管是誰，想要改變習慣，都要受到適度的激勵。「他們必須相信目前的習慣真的需要改變，而且自己也真的想改。」

因此，請找到你自己的動機。你想活久一點？在工作上表現得更好？享受更優質的人生？

花時間檢視你的習慣如何幫助你或妨礙你達成目標，你便能夠找到必要的動機，讓你改頭換面。

二、練習

要掌握新技能，你必須再三演練，直到這變成你的一部分。

你可以利用艾特金森的建議，請你的伴侶錄下「抱怨語音訊息」，之後你再播放給自己聽。但是，如果你不太可能這樣做，你可以善用另一種方式：下一次，當你閱讀報紙或瀏覽社交媒體時，找出讓你覺得熱血沸騰的留言或意見。你不要回應，而是留意你聽到或看到這些訊息時內心的想法。自問前面提到的六個自省問題。最後，善用你的想像力，審視並重現之前讓你陷入麻煩的某個情境，最後，請在心裡彩排未來你打算用來因應類似情況的計畫。

還記得職業運動員的比喻嗎？這些人在台上的一分鐘，在台下需要十年功，同樣的，你也可以事前訓練你的心智反應，等到下次碰到情緒激動的時刻就可以實際運用了。

三、應用

就算練習了無數次，運動員還是能從真正的比賽經驗當中得到新的體悟。不論是室內還是室外場地，要有其他參賽者，他們才能實際用上自己的一身技能。

你也會有很多機會去應用你的練習成果。每一天都有許多讓人血脈賁張的時刻，比方說，怒氣沖沖地和同事或家人之間討論某件事，或面對生活中各種充滿吸引力的誘惑。

我應用這些方法的個人經驗是，比起過去，現在我被情緒綁架的次數已經變少許多。此外，一旦被情緒綁架時，我通常都可以辨識出來，退一步，防止這種情況爆發成全面性的災難。在這些時候，真誠地為我最初的反應道歉，很快就能化解局面。之後，對我和其他涉及其中的人來說，要冷靜下來會比較容易，也能更有建設性地推動事情的進展，並讓大家都開心。

不要期待一夜之間你就能自我控制。但，如果你持續把「特意設計過的習慣」運用到每一個情境中，就能事先主動塑造你的情緒反應。千錘百鍊的你，更能因應嚴峻時刻的情緒挑戰。

不要放棄！

請不要誤會，想要改變情緒行為絕非易事。很多時候，你都在處理你花了一輩子發展出來的自然反應。即便有了進展，你也要設想到你隨時可能會退步。甚至，你可能會偶爾懷疑自己是不是真的有在進步。

事實是，任何人都無法完全控制情緒。我們都會犯錯，未來也會繼續犯錯。你告訴我誰是ＥＱ方面的「專家」，我就可以說出他的另一面：情緒失控或做出情緒化的決策——而且，是在錯誤的情況下。

然而，如果你把這些綁架情境當成案例來研究自身的行為，就成了絕佳的學習經驗。努力找出哪些事件會觸發你的反應，又是哪些根深蒂固的習慣造成的。善用你的想像力去檢視與彩排。想辦法用好習慣取代壞習慣。最後，請練習、練習、再練習。

這麼做，你將能逐步「重新設定」大腦的直覺反應，並養成必要的好習慣，讓你成功維持情緒平衡。

Chapter 4

Diamonds in the Rough

Why You Should Treat All Feedback as a Gift

第四章

未經琢磨的鑽石

所有的回饋意見都是無價的寶藏

看重批評的人才能從讚美中獲益。

*——德國詩人海因希利．海涅（**Heinrich Heine**）*

小時候，湯瑪斯·凱勒（Thomas Keller）在母親管理的棕櫚灘餐廳（Palm Beach restaurant）廚房裡幫忙，後來培養出對烹飪的熱愛，激發他踏上主廚之路。獲得無數讚譽並贏得多項頗具名聲的獎項之後，凱勒累積出好名聲，被譽為世上最巧妙的廚藝家之一。

就因為這樣，當《紐約時報》的首席餐廳評論家彼特·威爾斯（Pete Wells）刊出嚴詞批評、大力抨擊凱勒在紐約的本質小館（Per Se）時，才會喧騰一時。[1]威爾斯說，他在本質小館（用餐時間為二〇一五年秋冬之際）的三道菜晚餐經驗「最客氣的說法是相當無趣，最惡毒的說法則是讓人失望透頂。」他毫無保留，用「敷衍隨便」、「淡而無味」、「莫名其妙」與「味如嚼蠟」等話來描述他選的菜色。

那麼，身為知名完美主義者兼屢獲殊榮的凱勒主廚，如何回應這一大打擊？遙想四年前，說本質小館是「紐約市最棒的餐廳」的，也剛好是這份報紙。

他道歉了。

在一份謙遜且振奮人心的聲明中，凱勒為本質小館表現不佳負起全責，並承諾一定會改進。「我們自豪於維持最高水準，但這一路上也犯了一些錯。」凱勒在官網上的聲明中坦承，「很抱歉讓您失望了。」[2]

幾個月後，接受《城與鄉》（*Town & Country*）雜誌訪談時，凱勒表示，他並未把威爾斯的評鑑當成是對他個人的攻擊。「我們可能太自滿了。」他說，「我發現，或許我們這個團隊太傲慢，過度膨脹自我了。」[3]

在《紐約時報》的評論刊出後沒多久，凱勒便走訪他擁有的各家餐廳，和一〇二九位員工會談，並提出解釋。凱勒說，要降低評論的殺傷力，唯一的方法就是一次招呼好一位顧客。在頂尖主廚被奉若神明的美食世界裡，凱勒的反應是一股清流。同時，從更大的格局上來看，這也顯露出在凱勒的同事眼中，凱勒性格的一大優點：他有能力從負面回饋中受益。

為何我們都需要回饋意見

在你對凱勒的聲明嗤之以鼻、說這不過是虛偽的公關手段之前，先想想看這麼做實際上有多困難：接受措辭嚴厲的負面批評、吞下你的驕傲，然後道歉。

得獎常勝軍主廚格蘭特．奧赫茲（Grant Achatz）在凱勒手下工作了四年，任職於凱勒在加州名聲響亮的餐廳——法式洗衣坊（French Laundry），奧赫茲說明了這種反應如何內建在他過去名師的ＤＮＡ裡。

「發生這類事件時……他立即以正面方式反應，並試著把事情做得更好。」奧赫茲說，「一般人會猜想他很自我或很傲慢，但他並不是這樣的人。」

如果你跟我一樣，你很快就會想到類似的情境，但你很難用這麼大度的態度去回應批評。我們不難理解為什麼。人對於自己的工作、信念和想法都有感情。當然，我們或許會宣稱自己想要學習與進步，想成為最好的自己，然而，一旦有人告訴我們該怎麼做才能達成目標，我們就會變得緊張、敏感、難受。

但，如果你學著用不同的角度來看待批評，又會怎麼樣呢？如果你找到方法，可以把這些評論的效果從攻擊轉為有價值的意見，情況會變得如何？

我們可以把收到的回饋意見比作未經琢磨的鑽石。對於未受過訓練的人來說，剛剛挖出的寶藏看來可能毫無價值，甚至根本不入眼。但是，經過漫長且複雜的整理、切割與打磨之後，才能顯現出真正的價值。同樣的，學著從批評當中受益，也是一種寶貴的技能。

當然，你得到的回饋意見不見得都是批評。適時的恭維或一點點的奉承，會讓你微笑。但，就算是真誠的讚美，如果你不學習用正確的態度來看待，長期下來也會有害。

那麼，你要如何才能從他人的回饋意見中得到最大效益？

我們要在本章回答這個問題，到時候我也會告訴你，他人的意見如何在不知不覺中影響了你。之後，我會列出最有益的回饋意見類型，並分享一些祕訣，讓你務必能從中得到有效的建議。

回饋是寶藏

「亞馬遜內部：在讓人鼻青臉腫的職場裡和重要的構想拚搏」（Inside Amazon: Wrestling Big Ideas in a Bruising Workplace）。

這是二〇一五年《紐約時報》一篇內容不堪的報導之標題。報導將電子商務巨獸亞馬遜（Amazon）描繪成殘暴的雇主，看重創新與企業績效遠勝於員工福祉。報導一開始就寫道：「亞馬遜鼓勵員工在會議上抨擊別人的構想，熬夜奮戰……以達到公司自認為『高到不合理』的標準。」[4]根據本文的作者群所說，捅刀和權謀行為在這家公司根本稀鬆平常。前任與現任的亞馬遜員工分享了很多故事，講述管理階層何等地不在乎員工的健康問題或家庭悲劇。

「我幾乎看過和我共事過的每個人在他們的辦公桌旁哭泣。」一位前任員工說。

這篇報導快速瘋傳。前員工也紛紛公開自己好的與壞的經驗。（亞馬遜在全世界聘用的員工超過三十萬人。）這篇文章在《紐約時報》官網上引來將近六千則留言，甚至引發一位亞馬遜高階主管和《紐約時報》執行編輯公開叫陣，在知名的部落格平台《媒介》（*Medium*）上激辯。[5]

在之後引發的媒體狂熱當中，有一個人的回應特別引人注目。

就在報導出刊的那個週末，亞馬遜的創辦人兼執行長傑夫·貝佐斯（Jeff Bezos）發出一封備忘錄給所有亞馬遜員工，在信中他鼓勵員工「仔細閱讀」這篇《紐約時報》上的報導。

報導中的批評當然很尖銳。「我不認得文章裡的這家亞馬遜，我非常希望各位也同我一樣。」貝佐斯在備忘錄中對員工如是說，他還提到《紐約時報》這篇報導「（並未）描述我認識的亞馬遜，也不在乎我每天共事的亞馬遜人。」他指示員工，如果遭遇與文中所提到的類似事件，就要提報。貝佐斯甚至請員工直接透過電子郵件聯絡他。[6]

「就算很罕見或者是獨立事件，我們對於這種沒有同理心的容忍度必須是零。」貝佐斯寫道。

無疑的，在貝佐斯思考要如何因應突如其來的危機時，他也湧出了一陣憤怒。但他把負面的回饋意見轉化成催化劑，用以重新評估公司內部的現況，並傳達他如何嚴正地看待這些說法。

這番要求要有所行動的大聲疾呼有任何成果嗎？二〇一六年，亞馬遜宣布未來的員工評鑑上會出現重大改革。一份官方聲明指稱新的評鑑流程「極度簡化」，新的焦點將放在員工的優點上，而不是「減少的缺點」。[7]

貝佐斯的備忘錄，和凱勒對於嚴苛評鑑的回應，都生動闡述了當我們將批評視為學習機會時能帶來的真正益處。

但這類回應並不常見，其中的道理也很容易明白。

講到你的工作，那是你投資了心血、汗水甚至有時候還流了淚水的結晶。因此，當有人貶低你的付出時，你自然會感到一定程度的痛苦。還有，你的個人信念、信心與價值觀是你個人認同中很重要的部分，「**攻擊這些，就是攻擊我本人**」是一般人的預設反應。

如果批評來自朋友、配偶或家人，更是雪上加霜。你會自問：**他們怎麼可以這樣！他**

們應該要站在我這邊的！

但重點在於：沒有人永遠是對的。你需要其他人來找出你的盲點，指出你忽略之處；這是你的改進之道。

遺憾的是，我們得到的批評其表達方式往往不盡理想。有時候這些回饋意見極為無禮，從很多方面來說甚至是錯的。但，就算傳達方式不對，我們還是應該把批評當作恩賜，因為多數的批評都以事實為基礎，代表你可以忽略其中某些部分，利用剩下有建設性的見解來提升自我。

即使批評完全是空穴來風，仍有其價值，因為這幫助你理解不同世界觀的人有哪些看法。從他人的觀點與理據中學習，可以幫助你聚焦思考，琢磨你的信念和價值觀。你可以用以下的方法，將負面回饋意見當成學習機會：

- 確認你的想法是否有憑有據，為自己做好準備，以便在未來面對類似的批評。
- 妥善設計你的訊息，讓不同觀點的人理解。
- 更精準地找到你的目標群眾。

・適度地做出改變、加以適應。

當然，我不會原諒傷人或欠缺考慮的批評。如果你需要提出負面的回饋意見，用尊重與委婉的態度傳達不僅是表現善意，也會讓結果更圓滿（本書稍後會詳談）。

但如果你是被批評的人，你就沒有這樣的餘裕了。請記住，回饋意見就像是剛剛挖出來的鑽石：看起來不美，但是價值潛力無窮。現在，該是打磨、拋光與成長的時候了。

轉負為正

要能從負面回饋中受惠，重點是要記住，你眼中看到的任何威脅都會激發你的杏仁核行動，跳過正常的決策流程。規避有幾種方式：你會變得緊繃，拒絕傾聽。或者，你可能會開始針對你所說或所做的找理由或藉口，甚至想要淡化問題，或把責任推到別人頭上。

這些事對任何人都沒有好處。你要如何阻止你的情緒跳出來擋路？

關鍵是訓練自己不要把批評看成是人身攻擊，而是一種學習機會。

TRY THIS

每當你得到負面回饋意見時，請專注於回答以下兩個問題：

・若先把個人感受放一旁，我可以從這個不同的觀點學到什麼？

・我可以如何利用這項回饋意見來提升自我？

當你在思考這些問題時，就把時間、經歷挪到有益的演練上了。事實上，你把本來可能的負面情境變成了正面經驗：這是一個學習了解自我、讓自己變得更好的機會。

當然，一開始沒這麼容易。你對於批評的自然反應很可能就像膝反射反應一樣，是已經成形多年的習慣了。但，如果你花時間回答上述問題，就算距離收到回饋意見已經差了幾個小時，你還是可以從中受益。而，如果你持續這樣做，就會發現你對於批評的自然反應慢慢改變了。

我以斑斑的血淚才學到這些教訓。多年前我擔任領導職時經歷了一場永生難忘的對話。

我斥責一位團隊成員（姑且稱他大衛），因為他犯了大錯。我的論點很有道理，但我很確定當初可以用更好的方式表達。

大衛的反擊快速且傷人：「你自己知道，你是那種讓別人痛恨的經理。」

哎呀。

當然，大衛本來也可以用比較圓融的方式來傳達他的訊息。但是抓住這一點不放沒用；大衛的觀點很有價值。我把他的話放在心上，問他為什麼這麼覺得，並從他的坦誠當中學習。到頭來，這讓我成為更好的經理，也讓大衛知道我並不是他認定的那種渾蛋。

但我要把話說在前頭：請小心，不要過度執著於負面回饋意見。

太注重負面回饋意見會讓你動彈不得，或是害你被為反對而反對的人給毀了，他們的惡言惡語會讓你覺得很想棄械投降。你可能會因此分心，偏離你的優先事項與價值觀，或者，你會陷入泥淖，一直想證明別人錯了，導致你看不清自己的長處，浪費時間與精力去成為根本不是你的那個人。

當他人指出了可能的盲點，你的目標應該是學習，然後繼續向前邁進。他人給你的回饋意見多半是主觀的，請將這一點謹記在心。此外，當你自尊心極為低落時，你會發現把重點放在手邊正在進行的事會比較有益，而不是去想著要改善哪些部分。

最後，在某些場合，你應該完全拒絕別人的批評。如果你已經判斷出某人的目的是要傷害你或是摧毀你的自我價值，就不用多想了。反之，你要向可以信任，而且心中以你的最佳利益為本的人徵求回饋。

讚美的平衡觀點

收到批評意見時，重點是要控制你的情緒，那麼，當你得到讚美或推薦時，又如何呢？以誠心、具體的方式讚美別人有很多好處，我們在之後幾章會再探討。如果你是得到讚美的人，他人的稱讚有助於你辨識自己的優點、提升自尊以及對自我能力的信心，並帶來你亟需的動力。

但，這麼說吧，好聽的話也有潛在危機。得到讚美之後飛上天，會讓你高估自身的能力，變得輕率[*]、大膽，甚至傲慢。你可能會開始鄙視其他人，或湧出一種優越感。

你也應該思考你得到的吹捧是真實誠懇還是別有居心。讚美可能出自衷心或是想要表達讚賞，奉承背後的動機則多半是自私。「奉承，是常見的操弄形式中，最危險的一種。」[8]領導學顧問麥可．梅耶特（Mike Myatt）在暢銷書《破解領導》（*Hacking Leadership*）裡這麼寫，「『馬屁拍得好，哪兒都沒煩惱』這句俗話會製造問題，是因為心術不正的人不僅相信這句話，他們還會照做。懶惰的人、渴望權力的人、貪婪的人、專賺快錢的人、精神病患和反社會的人都知道，

*

舉例來說，二〇一五年時荷蘭發表了一項研究，顯示得到父母過度讚美的兒童在自戀相關的人格特質上分數較高。「自尊高的人認為自己和別人一樣好，自戀的人認為自己比他人好。」該研究的共同作者兼俄亥俄州立大學（Ohio State University）溝通與心理學教授布萊德．布希曼（Brad Bushman）如是說。[9]

愛被奉承的人就只值得馬屁精。
——莎士比亞（William Shakespeare），
《雅典的泰門》（*Timon of Athens*）

奉承才不會無害。恰恰相反，那些專說好話的人深知奉承具有影響、墮落、傷害與欺瞞的力量……包裝成奉承形式的操弄，也是另一種隱性的攻擊。」

所以說，要當心只在對自己有利時才出言讚美的人，並且要將讚美與表彰當作工具，幫助你找出自身優勢並繼續發展。把讚美當成是努力工作並不斷改善的動機，在此同時，請記住，你擁有的每一項能力、技能或才華，都是別人賦予的成果。這可以幫助你抵抗誘惑，避免過度膨脹你的觀點或把自己供奉起來；這樣只會害你跌入谷底。

TRY THIS

下一次別人讚美你時，請客氣地感謝對方，並自問以下的問題：

- 我可以從他們的讚美中學到什麼？要如何重複正確的事？
- 誰幫了我、讓我可以有所表現？我能否也回頭感謝對方、讚美對方？
- 讚美我的人是真心的，或者對方是要試著奉承我、得到某些回報？

如何得到所需的回饋

「我明白我需要回饋意見才能成長，」你說，「但是，如果都沒有人想為我提供相關意見，那怎麼辦？」

難以獲得寶貴回饋意見的理由多不勝數。在工作上，主管或同仁或許不把這類溝通當作優先事項，或是他們覺得要提供建議這種想法很嚇人，擔心對方可能會有不當反應。或者，你就是主管，你的團隊可能會害怕給你負面回饋意見帶來的後果。

在家中，少了回饋意見，則會慢慢毀掉你們之間的關係。家人多半不會進行極有必要的對話，通常會一起閱讀、看電視，或是在行動裝置上玩遊戲。雖然彼此或坐或躺僅相距幾尺，心靈卻相隔千里。

有一個很簡單的方法可以得到你亟需的回饋：開口問。

在這方面，我們都做得太少了。比方說，上一次你請配偶、孩子或同事分享他們最欣賞你哪一點，或者告訴你他們希望你改進哪些部分，是什麼時候的事了？你一定得鼓起勇氣才能問出這些問題……但是，請想一想你可以如何應用這些答案。

如果你經常尋求回饋，別人就會更樂意告訴你他們心裡的想法，也能因此增加你的學習機會。然而，開口請他人分享他們的意見還有另一個（隱性的）好處：人們多半很看重經常尋求重要回饋意見的人。「請求指導的人比較可能把別人的話放在心裡，真正去改進。」[10]《多謝批評指教：廣納建言的科學與藝術》（*Thanks for the Feedback: The Science and Art of Receiving Feedback Well*）兩位共同作者希拉・西恩（Sheila Heen）與道格拉斯・史東（Douglas Stone）如是說，「還有，當你徵求回饋時，你不僅會知道別人如何看待你，你也會影響他們看待你的觀點。徵求建設性的批評傳達的是謙虛、尊重、追求傑出的熱情以及信心，全部一次到位。」

當然，溝通是雙向的。你也必須告訴這些人你欣賞他們哪些地方，以及哪些地方讓你沒那麼滿意。（第七章會再詳談如何提出這類回饋意見。）

但，事情真的有這麼簡單嗎？要得到有用、有效果的建議，真的只要開口問就好嗎？

直接開口請他人提供回饋意見可以帶來大發現，但你也需要考量你的技巧。

TRY THIS

西恩和史東不建議提出模糊的問題，如「你能給我任何回饋意見嗎？」反之，要縮小焦點。舉例來說，在工作上，你可以問同事、主管或直屬部屬：「你看到我做（或沒做）的哪一件事讓我無法進步？」*「對方可能會說出心裡想到的第一件事或是他的清單上最重要的一件事。」兩位作者寫道，「不管是哪一種，你都能得到具體的資訊，好讓你用自己的步調引出更多細節。」

在家中，你可以考慮問一問配偶或家人以下問題：「你覺得在我們的關係中有哪一件事是我可以改進的？你知道的，比方說像你希望我改掉的

* 在另一場訪談中，西恩倡導用同樣的技巧來評論你在特定場合的表現，比方說，你可以問：「我在這場會議或簡報中有哪一件事情是本來可以做得更好的？」[11]

壞習慣，或是有哪些情況我可以處理得更好？」這類問題一開始可能會讓對方很訝異，因此，請給對方機會想一想，然後回來找你談。當然，你自己也必須做好準備，以面對聽到的建議。但，因為你是主動徵求回饋的人，會比較容易牢記你自己的最終目的：提升自我或改善關係。

找到你的鑽石

沒有人喜歡被別人指出錯誤。要看到未經琢磨鑽石的華美需要技能和洞見，同樣的，你必須看透他人意見的表象，才能萃取出真正的價值。

別人的回饋意見能讓你從他人的觀點看自己，突破盲點。這有助於你理解自己的長處，讓你全力發揮；也能幫助你找到缺點，逼你直接面對。

華德．迪士尼（Walt Disney）說過一句名言：「事發當時你可能無法領悟，但遭受打擊對你來說可能是最棒的一件事。」

正因為需要回饋，世上最成功的企業會引進外部顧問，科學家會把自己的研究交給同儕審閱，像凱勒這樣的世界級主廚會關注嚴厲的評鑑，最有天分的運動員會去找教練。

高效面對回饋的能力非常重要，因為這能拓展你的視野，讓你從他人的經驗中學習。不管是老是小、是男是女，也不管你的角色是伴侶或父母、是執行長還是基層員工，這個道理對誰都適用。

因此，當有人願意分享自己的想法時，請把這當成寶藏。處理它，思考它，接受它，並從中學習。無論是正面或負面，不要讓回饋意見來左右你，而是要從中汲取你可以接受的部分，然後繼續向前邁進。

請記住：雖然我們會受到志同道合的人吸引，但是，有助於成長的是和我們不同的那些人，這些人挑戰我們、指出我們的缺點與錯誤。質疑我們的人，確實讓我們變得更好。

偉大的組織如何從回饋中獲益

所有企業都說他們重視開誠布公，但多數都在說謊。

真正開誠布公的公司會鼓勵所有員工提出開放且誠實的訊息，這種公司很難找。反之，在多數組織裡，你會看到錯綜複雜的辦公室政治網。員工很難接觸到經理人與團隊主管，能接觸到的時候又遲疑著是否要提出批評與建議，因為他們擔心被排擠、被貶值甚至被掃地出門。如果你擔任領導職，以下這套兩步驟法可以讓你在組織中營造出真正的透明關係。

一、去證明：獎勵誠實的回饋意見

不要培養應聲蟲與帶動群體思考，反而要鼓勵你的部屬表達反向觀點和意見；之後，請獎勵他們的行為。有些企業鼓勵員工透過「意見箱」（可以是實體，也可以是電子）提出改進建議，意見獲得採納實行的人就可以得到現金或其他獎勵。

二、聚焦在內容上，不看重傳達方式

如果你是收到批評意見的人，不要浪費時間去想對方是如何表達的。

一家公司裡某位久任員工掀起波瀾，因為他遞出了砲火猛烈的離職訪談書，而且發送給全公司幾千位員工。董事長譴責這位員工，之後發表聲明：「我樂意以更有建設性的方式收到這樣的批評，因為這樣的批評的確會讓各位去思考。我是否應該更常與員工溝通？這是一個很好的重點。」[12]

請記住，就算負面回饋意見毫無道理，仍是看見他人觀點的重要窗口。

因此，如果你是經理或高階主管，請鼓勵員工把今天當成在職的最後一天，盡量表達想法。

Chapter 5

The Truth About Empathy

The Good, the Bad, and the Misunderstood

第五章

同理心的真相

好處，壞處，以及被誤解的部分

在你不曾真正經歷對方的立場之前不要妄斷他人。

——無名氏

二〇〇八年時，我和我的摯愛正在規畫一場婚禮，當時她住在德國。一切都棒極了。

我在紐約一家非營利事業任職了十年，我愛這份工作，當時也是一份新職務的候選人。但在我和未婚妻準備展開我們的共同新生活之際，情況出現了重大轉折。因為組織重組的關係，我的辦公室需要縮減人力。現在，我的工作不再穩定，我和未婚妻開始認真地討論要不要搬到德國。我們決定，如果我能撐過下一輪的人力緊縮，她就來紐約跟我住。如果工作沒了，就換我搬。

我收到通知，預期四到六個星期之內就會有最終定案。

六個星期過了。然後，我撐完了第七個星期。

八個星期。

九個星期……

我不知道我還能忍受這種倉惶不安的情況多久。甚至不在乎他們是否要我走人，我只要一個答案。我找了人力資源單位，用盡全力探問資訊，但沒有用。

最後，我決定走一條不同的路。

我直接寫電子郵件給人力資源部門的皮爾斯先生（Mr. Pierce），他也是董事會成員。我的電子郵件充滿敬意，但直接了當。我說明了我的處境，以及幾天後我要前往德國會見未婚妻。我跟他說，如果能和未婚妻一起打開通知信，那就太好了。

我們的機構當時有六千名員工，我從沒見過皮爾斯先生，因此，我很清楚，我的電子郵件很可能會被淹沒在他的收件匣裡。

我之前經歷了人生中最長的兩個半月，沒想到送出這封郵件後，竟然在兩天內就收到了回覆。送出郵件的隔天，我就搭機前往德國，過了不到十二個小時，我和未婚妻一起打開通知信。

「你會愛上紐約的。」我對她說。

欲望很容易，表現出來很難

多年前皮爾斯先生在讀我的電子郵件時，他看到了一位任性隨意的資淺經理為何提出那樣的要求，他讀到了他手下一名員工深刻的憂慮與感受。這個問題對我來說很重要，因此對他來說也很重要。這個範例幫助我們了解何謂同理心。同理心是一種能從他人的觀點看事物並有所感受的能力。

我們常聽人說這個世界需要更多的同理心。無疑的，我們也用其他方式見證過這一點：經理人眼睜睜看著團隊苦苦掙扎，或是剛好相反；不再互相了解的夫妻；忘記青春期人生是怎麼一回事的家長……以及完全看不出來父母有多關心自己的青少年。或者，也可以看看網路世界，看看任何報導底下的留言，你就會看到幾十人，甚至幾百人以言語攻擊素昧平生的人。這些不只是表達不同意見，根本就是一連串的輕侮、辱罵，甚至威脅。

如果大家都渴望別人能試著從我們的觀點來看事情，為什麼自己卻這麼難做到？

在本章中，你將會學到同理心為何經常遭到誤解，並探討培養同理心會涉及哪些挑戰。我們會更貼近檢視，看實際上同理心如何在日常生活中推你一把，以及如何傷害你。最後，我們會列出實務步驟，助你培養出適量的同理心，強化你的人際關係，並讓你提升幾乎所有任務的效能。

同理心是什麼（以及不是什麼）

英語裡「empathy」（同理）一詞已經存在約百年了，然而，若要針對這個概念追本溯源，我們必須回溯到更早之前。[1]

兩千五百多年前，中國哲人孔子教人要「己所不欲，勿施於人」。幾百年後，西元一世紀時閱讀《新約》的基督教徒學到的訓義是「與喜樂的人要同樂，與哀哭的人要同哭」以及「與別人一同受苦」。

如今，你會看到同理的不同定義，答案視你詢問的對象而定。但是，多數人同意以下這個定義的變化型：同理是一種理解並分享、分擔他人想法、感受的能力。

要感受並展現同理，不一定非得親身體驗他人的經歷或狀況不可。反之，同理心是一種嘗試，藉由知道對方的觀點進一步了解對方。

心理學家高曼與保羅・艾克曼（Paul Ekman）將同理心概念細分為以下三類：[2]

認知同理（cognitive empathy）：這是一種理解對方如何感受以及可能有哪些想法的

能力。認知同理讓我們成為更好的溝通者，因為這可以幫我們用最能打動對方的方式傳達資訊。

情緒同理（emotional empathy）：又稱為情感同理（affective empathy），這是一種可以分享對方感受的能力。有些人會說這叫「傷在你身，痛在我心」。這類同理幫助你和他人建立感情上的聯繫。

惻隱同理（compassionate empathy）：又稱為同理關懷（empathic concern），這不只是理解他人並分享對方的感受而已，更帶動我們採取行動，盡力幫忙。

為了說明這三種同理如何一起運作，假設你有個朋友最近失去了家人。你自然的反應很可能是同情；這是一種憐憫或悲傷的感受。同情會帶動你表達慰問或寫張卡片，你的朋友可能會很感激你所做的事。

但表現同理要多花點時間和精力。從認知同理開始：想想看對方經歷了什麼事。他失去的家人是誰？對方和這位逝去的親人有多親？除了痛苦與失去的感受，對方的人生今後將出現哪些變化？

情緒同理會幫助你不僅理解朋友的感受，還能有所共鳴。你會把事情連上自己心中某些同樣出現這種深刻悲傷與痛苦感受的時刻。你或許會想起當你失去某個親人時的感受，或者，假使你沒有相同經驗，也會去想像你會有什麼感受。

最後，惻隱同理會激發你有所行動。你可能會帶份餐點過去，讓朋友不用擔心煮飯的事。你可以提供協助，撥打必要的電話或是整理家務。你可能會過來陪著對方，或者，如果對方想要獨處，你會把孩子帶出去，照顧他們一會兒。

這只是同理心發揮作用的其中一個範例，日常生活中有很多機會讓你培養出這種特質。事實上，你和別人每一次的交流都是一個機會，讓你從不同的觀點看事物，去分享別人的感受，並且出手相助。

同理涉及的是「傷在你身，痛在我心」的感受。

培養認知同理

學著從他人的觀點出發去思考與感受並不容易，我們常會誤讀別人的肢體行動與臉部表情；微笑可能代表愉悅或歡欣，但也可能是悲傷的信號，或是其他各種不同的情緒。培養認知同理的重點是要去做有根據的猜測，遵循以下的演練，可以幫助你琢磨出這樣的能力。

你不停地和別人交流，工作上如是，在家中如是，甚至當你在購物或奔忙跑腿時亦如是。在你和他人互動之前，請想一想你對於對方的觀點了解多少，自問以下問題：

· 他們年紀多大？家庭狀況如何？
· 他們在何處成長？有什麼樣的背景？
· 他們從事哪一行？
· 他們的健康狀況如何？
· 他們有哪些朋友？尊敬哪些人？他們的目標、期待與渴望是什麼？
· 他們有多了解你要討論的主題？有哪些是他們不了解的？他們對這個主題有何感受？
· 我要如何才能站在對方的立場設身處地？
· 他們可能與我有哪些不同的想法或感受？
· 他們會如何回應我所說的話？

無論你能用多高效的方式回答這些問題，當你在解讀自身與他人的心情、行為或想法，過去的經驗都有很大的影響，因此，重點是要明白你的直覺可能是錯的。也就因為這樣，在你和對方交流之後要花點時間思考你們之間的互動，問問以下這些問題：

- 事情順利嗎？為什麼順利或為什麼不順利？
- 他們的回應有哪些符合我的預期？哪些讓我大吃一驚？
- 他們喜歡什麼、不喜歡什麼？
- 我知道哪些和對方有關的事？

不管你的回答是什麼，想一想對方給你的回饋（無論是書面、口語或肢體語言），都能讓你從經驗中學到一些事。這麼做，不僅能讓你更了解對方以及他們的人格特質，也能知道他們如何看待你的想法和溝通風格。

阻礙同理的路障

我們渴望每一個交流對象都能考量我們的觀點和感受，那麼，為什麼自己沒辦法同樣如此地對待別人？其一，要理解對方如何感受以及為何會有這種感受，需要花費時間與精力。而且，坦白說，我們也不願意把這類資源花在太多人身上。但是，即便當我們有動機去展現同理時（事實上，甚至連我們自認為自己在展現同理時也一樣），我們自以為看得很清楚了，事實上卻不然。

組織心理學家亞當．格蘭特（Adam Grant）在暢銷書《給予：華頓商學院最啟發人心的一堂課》（*Give and Take*）引用了一項實驗，主持人是西北大學（Northwestern University）心理學家羅倫．諾德葛倫（Loran Nordgren）；實驗中的受試者要預測坐在冰冷的房間裡五個小時有多痛苦。[3]第一群人做預測時把一隻手伸進溫水桶，第二群人則伸進冰水桶。

你可能猜到了，伸進冰水桶的人應該會感受到較大的痛苦。

但，還有第三群，他們把一隻手浸在冰水桶裡，再把手拿出來，等十分鐘之後再預測坐在冰冷的房間裡到底有多痛苦。

結果呢？他們的預測和溫水組的一樣。

第三組人十分鐘前才體驗過冰水，一等到他們不再接觸到這麼強烈的痛苦時，卻已經不記得了。心理學家形容它為同理落差（empathy gap）或觀點落差（perspective gap）。「當我們在心理上或生理上不再經歷強烈狀態時，」格蘭特指出，「就會大幅低估自己所經歷的遭遇。」

觀點落差解釋了為何醫師老是錯估病患的疼痛程度，以及我們為何這麼難和配偶或家人易地而處。人多半會因為當下所處的狀態而誤判自身的行為與偏好。而且，儘管我們自己也經歷過和對方（亦即你想同理的對象）類似的經驗，我們記憶中仍會判斷實際情況沒那麼嚴重。

心理學家兼行為經濟學家喬治．羅文斯坦（George Loewenstein）多年來研究這類認知落差。他指出認知落差造成的另一種影響：我們誇大了自身的意志力。「在處理自己的問題時，我們短視、衝動而且會做出荒謬的犧牲以求化解，」羅文斯坦在一次專訪中提到，「但是，當我們看到別人屈服在麻煩之下時，我們會心想：『太可悲了。』」[4]

多年前我曾經親身體驗到這一點。

我太太有一個長年的習慣總是能惹毛我：她會把廚房垃圾桶裡用過的垃圾袋拿起來，但沒有換上新的。當我拿著滿手垃圾到垃圾桶邊發現裡面沒有垃圾袋，此時我絕對會火大。我懇求再懇求，拜託再拜託，但沒有用。她永遠都有藉口：因為孩子而分了心，或者急急忙忙要出門。

我私底下會想，**她難道不在乎我這個卑微的要求？我的感覺對她來說難道不重要嗎？我不懂**。

有一天，我忽然想通了。

我吃完晚飯後不會把餐盤收進廚房，這一點她也同樣難以忍受。多年來，她要求過我無數次，要我吃完飯馬上把餐盤收進廚房，這樣我就不會忘了。我通常的反應是信誓旦旦，說我「等一下」一定會收。

有天傍晚，我在晚飯後經過飯廳餐桌，桌上乾乾淨淨，唯留下一個孤零零的髒餐盤。

這一刻讓我很震驚：原來我和我太太一樣，都會犯錯。

我為自己把髒餐盤留在桌上的習慣道歉，並保證一定會改進。我把這件事當成第一要務，而我太太也注意到了，她跟著改掉她的壞習慣：沒錯，她開始記得換上新的垃圾袋了。

你可能覺得這個範例很瑣碎，但是其中的寓意不僅涉及幾件家務而已。

學著找到認知落差很重要，因為無論是在家裡或職場上，只要缺少同理，關係必然會惡化。雙方都會想：**世界上哪有人會這麼想或這麼做**？他們會執著於對方的失誤，而不是想辦法感同身受。結果是心理上與情緒上都僵持不下，每個人都堅持己見，所有問題都解決不了，每一個方案看起來都辦不到。

然而，先踏出第一步展現同理，就可以不再陷入惡性循環。

當一個人覺得被理解，就比較可能投桃報李，付出心力去嘗試理解對方。長期下來，這樣的交流會培養出信任，雙方都有動機在面對對方時往好處想，原諒對方犯下的小失誤。

重點只有一個，那就是請回答這個問題：我要如何從對方的眼光去看事情？

要做到這一點，你必須努力提升敏感度，認知到自身的偏見和有限的觀點。你可以善用自身舊有的經驗，但必須更進一步。

TRY THIS

下一次當你很難從別人的觀點看事情時，請努力記住以下這幾點：

- 你並不知道事情的全貌。任何時候，一個人都要面對很多你所不知的因素。
- 你對於情境的想法與感覺可能會隨著時間而變化，受到不同的要素影響，包括你當下的心情。
- 在情緒壓力之下，你的行事作風可能會和你所想的不一樣。

記住這幾點，會影響你對他人的看法，從而影響到你如何和他們交流。我們每個人時不時都要經歷某些掙扎，你終會理解對方，只是時間早晚而已。

下一個層次

學習拉近認知落差並且和他人的體驗連上線，對於培養認知同理來說很重要；認知同理是一種理解他人如何思考、感受的能力。

然而，要做到情緒同理，還需要更進一步。目標是要真正與對方感同身受，建立起更深刻的連結。

就讓我們以經營一家小企業的雷伊（Ray）為例。

薇拉（Vera）是雷伊的辦公室經理，她最近對雷伊說她覺得快受不了了。除了常規職責，她還要辛辛苦苦去支援一位正在請長假的重要員工的工作。她說每天的例行工作「永無止境」。

當雷伊聽到薇拉這麼說時，起初他很失望。聘用薇拉之前，他親自管理辦公室，他很清楚這份工作多困難。但是，他在更艱辛的環境下都忍下來了，而且時間更長。「她沒什麼好抱怨的，」雷伊對自己說，「為什麼她就不能撐過去？」

在這種情況下，雷伊很可能出現了認知落差。但問題不見得出在情境，很可能是薇拉就是無法滿足雷伊的期待，至少在目前的條件下辦不到。

但此時此刻也讓雷伊有機會表現他的情緒同理：把焦點放在薇拉的感受上，而不是她所處的情境。

薇拉說她快受不了了。因此，雷伊自問：**我曾幾何時覺得自己受不了了？**

他想起剛剛創業時，他分身乏術。主動撥打行銷電話、簿記、追蹤遲付款項；過去全都由他一手包辦，而他還有自己的主要任務。這些把他逼到極限了。

回想起這些，雷伊發現他心裡有些東西，使得他能體會到薇拉完全撐不下去的感覺。這麼做時，他不再把她視為發牢騷抱怨的人，現在，他看到的是想把工作做好、但亟需協助的人。

這反而帶動雷伊展現惻隱同理，想辦法給薇拉一些她需要的協助。他可以直接問她有沒有任何建議，能幫忙緩和問題。或許，他可以把一些工作量分給團隊裡的其他人；他甚至可以放她一天假，讓她去充個電。雇主的建議除了能給薇拉帶來一些實質益處之外，他真心的幫忙也鼓舞了她，這讓她更有動力，激勵她拿出最好的一面。

當然，並非每位雇主或經理都有資源或環境提出這類協助，但是，當你想辦法和他人的感覺建立連結，你就會不由自主地，想盡自己最大的努力。

情緒同理在日常生活中很寶貴，因為這讓你能超越共同的環境，幫助你理解出自不同背景與文化的人，或者讓你能對於生病殘疾者的痛苦感同身受，即便你沒有相同的經驗。

那，你要如何培養出情緒同理？

TRY THIS

當有人對你說他最近在哪些方面很辛苦時，請仔細傾聽。抗拒你的衝動，不要想著去評斷對方或情境，不要打斷對方、兀自說出你的個人經驗，或是提出解決方案。反之，請把重點放在理解如何與為何：對方的感覺如何？他們為何有這些感受？

請記住，每個人的個人經驗大不同，和這些經驗有關的情緒同樣也有很大差異。

也因此，請避免說出以下這些話：

- 我完全了解你的感受。
- 我以前也經歷過這種事。
- 我完全懂；或者，我很清楚。

請用以下的說法代替：

- 發生這些事我覺得很難過。
- 我大概想得到你有什麼感覺。
- 我很高興你跟我說這些事，要再多談一點嗎？

分享情緒並非易事，因此，請感謝他的開誠布公，讓他覺得安心。根據你面對的對象（以及情境），你可以鼓勵他多說一些，提出「你有這種感覺多久了？」或「你之前碰過這類情況嗎？」等問題。請特別小心，不要強迫，更不能讓對方覺得你是在審訊。

最重要的是，透過語言和行動，向他們保證你和他們同一國。

接著，重要的是記得花點時間反省。一旦你更明白對方有哪些感受之後，必須找到方法建立連結。

TRY THIS

請自問：**我曾幾何時有過對方所說的類似感受？**

我的朋友兼同事、同時也是暢銷書《工作好心情》（*Emotional Intelligence at Work*）的作者亨德利．懷辛格（Dr. Hendrie Weisinger），在我們的一場對話中完美闡述了這一點：「如果對方說：『我搞砸了一場簡報。』我不會去想我搞砸的某一場簡報（我也有過），然後想著，那又沒什麼大不了。我反而會去想某一次我真的覺得搞砸的時候，比方說某場考試或某一件對我來說很重要的事。你想要喚起的是你失敗時的感受，而非事件。」

就算對方不願意（或不能夠）分享自己的感受，你的想像力也可以幫助你管理你們之間的關係。

舉例來說，請想一想，當你生病、處於極度壓力之下，或要處理私人問題時，你的行為和溝通風格會如何改變？你能輕鬆因應這些情況嗎？記住對方的感受可能和你相似，這可以幫助你展現耐性，充分善用艱難的處境。

當然，你絕對無法完全想像出對方的感受，然而，試著去想，會比什麼都不做更能貼近對方的心情。

一旦你能和對方的感受搭上線，並且看到情境更完整的模樣，你就可以展現惻隱同理了。到了這一步時，你會採取行動，盡力幫忙。

TRY THIS

一開始先直接問對方你能幫上什麼忙。如果他們沒辦法（或不願意）開口，請自問：**當我有類似感受時，有哪些東西可以幫助我**？**或者，什麼事曾經幫過我**？

可以分享自身經驗或提出建議，但避免給對方一種「彷彿你全都看透了或者什麼問題都有答案」的印象。反之，請把當下的情況連結到過去曾經幫助你的事物，提出來並根據對方的情境做調整，不要提出一個無所不包的解決方案。

請記住，對你有用的，甚至對別人也有用的，對於此時此刻這位當事人不見得有用。然而，不要因為這樣就裹足不前、不出手相助。去做你能做的就對了。

同理的陰暗面

展現同理雖然有這麼多好處，但，承認同理的限制與危險也同樣重要。同理來自於自身的情緒經驗，然而，強烈的情緒持續的時間通常很短，完全根據同理心來做決策很可能鑄成大錯。

保羅．布倫（Paul Bloom）是耶魯大學的心理學家兼教授，也是《失控的同理心》（*Against Empathy*）的作者，他主張，同理常會讓人們看不見自身行動的長期後果。[5]比方說，政府操作同理投入（empathic engagement）來說服選民必須投身戰場（同理投入是指人會因為同理而陷入受害者所承受的折磨當中），卻很少提到戰場上失去的無數人命以及戰爭會引發多少新問題。

同理還可能產生另一種有害無益的效果。你有可能打從心裡真正感受到對方的傷痛，但是，假如你還沒有準備好或不願意用對方真正需要的方式提供協助，你很可能會訴諸「萬靈丹」或「便宜行事」類型的方法。做這些事雖然可以舒緩你自己的傷痛，但實際上無法解決問題，還可能讓事態更加惡化。

來看看我的朋友妮可（Nicole）的例子；事情發生在她第一次去印度旅行時。妮可在街上散步，讚嘆著美麗的建築，也愛上了親切、掛著微笑的人們。但是，看到這麼多人貧窮度日，她難以克制地感到劇烈的傷痛。忽然間，一個小男孩走過來，手伸了出來，出於憐憫，她給了孩子一些硬幣。

此時，另一個大人不知道從哪裡冒了出來，瘋狂地大吼，招來一大群人，當面侮辱我的朋友。妮可萬分恐懼地馬上跳開，可說是連奔帶跑躲開這個男人。等到她到了安全距離之外，她問別人為什麼對方這麼生氣。

「他說你不應該給小孩錢。」有人翻譯給她聽，「這孩子聰明、年輕且強壯，他可以努力工作替自己打造美好的人生，但是你從他手上把這些搶走了：你教他可以靠著乞討過活。」

這次的經驗深深撼動妮可。她的動機是同理：她只是想幫忙，她以為，如果她和那個男孩易地而處，她會很高興能拿到一些小錢。但是，在經過更深刻的省思之後，她在想，說不定那個男人才是對的。她真的有幫忙解決問題嗎？

同理他人的想法與感受還有另一個可能發生的問題：當你這麼做時，可能會耗盡你的情緒。羅蘋．史騰博士（Dr. Robin Stern）和黛安娜．迪瓦查博士（Dr. Diana Divecha）是兩位和耶魯情緒智商中心（Yale Center for Emotional Intelligence）合作的研究人員，他們說這叫「同理陷阱」（empathy trap）。

「要通曉同理這門藝術，要做到關心對方的需求，又不能犧牲自己的需求。」他們寫道，「同理之所以變成像走鋼索一樣驚險，是因為被同理的人發現受人關注可以帶來快樂……如果要設身處地，我們必須在情緒與思考、自己與他人之間達成平衡，否則同理會變成一道陷阱，我們會覺得自己好像被別人的感覺綁架了。」

無法體認到這一點，很容易就會讓人身心俱疲。

比方說，許多研究發現，服務絕症病患的護理師承受了特別高的風險，很容易出現惻隱疲勞（compassion fatigue），這種症狀的定義是「因為照料處於嚴重情緒痛楚與生理痛苦病患而引起的生理、情緒與心靈枯竭等綜合症狀」。照護人員想多關心病患需求，更勝於關注自己，這樣的想法容易使他們走上過勞。[6]

當然，不一定只有護理師或照護人員才會陷入同理陷阱。[7]舉個例子，皮尤研究中心（Pew Research Center）分析一系列的研究，發現在某些情況下，使用社交媒體會引發更大的壓力。[8]為什麼？這是因為用戶會更清楚自己網絡中的好友面臨了哪些掙扎。

實例如下：

- 當一位女性知道某個跟她很親近的人最近經歷了喪子或喪偶之後，她自評的壓力水準會提高百分之十四。
- 當一位女性知道某個熟人發生降職或減薪，她自評的心理壓力會提高百分之九。
- 當一位女性知道跟她很親近的人住院、發生重大意外或受重傷，她自評的心理壓力會提高百分之五。

問題不在於社交媒體的用戶知道他人生活中的負面事件，重點在於數位科技的興起讓大家更快速知道這些事，而且更頻繁。沒錯，知道這些事會讓人有機會去支持、安慰對方，但是，面對別人的問題常常也會導致情緒疲憊。

同理有很大的用處，可以幫我們培養出連結並建立關係，但在某些情況下也有壞處。那麼，你要如何讓同理適得其所？

高EQ的同理

要做到高EQ的同理（亦即，讓同理心推你一把，而不是反過頭來害你），關鍵是要找到正確的平衡。

最首要的是，要記住同理的目的是幫助你更理解他人以及他們的情緒需求，但不可以犧牲你自己。如果你搭過飛機，你就會知道規則：先戴好自己的氧氣面罩，再去幫忙別人。否則你也幫不上太多忙或者持續太久。同樣的，要展現適當的同理，先了解自己的情緒與需求會很有幫助。包括培養自我覺察，比方說，透過本書前幾章介紹過的方式進行演練。

其中的挑戰是，情緒同理並非能任你隨意開關。一旦你培養出貼近他人感受的能力，你就會自動開啟這個開關。（你或許會注意到，聽到某個故事、看到某部電影或聽到某一首歌曲時，你會忽然落淚。）目標是在不把自己耗盡的前提下展現同理，這必須設下限制，在某些情況下，你甚至必須抽身離開。

TRY THIS

如果你的工作需要你長時間「開啟」同理心（比方說老師或護理師），你會很容易就耗盡情緒。要避免這種後果，你可以嘗試短時間但頻率高的休息方式，讓自己能重新充電。或者，你可以和雇主或同事討論，重新分配某些任務或職責（至少在執行任務或職責時做些調整），讓每個人在工作時找到更好的平衡。

TRY THIS

假設你的配偶在辦公室熬完痛苦的一天後回家，而你今天也不好過。你覺得根本沒有心力給對方任何安慰或同理；事實上，你自己更需要。

在這種情況下你或許可以說：「我很難過聽到你今天過得很糟，我也是。我們能不能花點時間放鬆一下（或做點運動，或一起吃個飯）？或許等一下我們可以一起散散步、聊一聊。」

這類回應明顯宣告了你自己的需求，同時也善意地顧及到伴侶的需求。說這些話只需幾秒鐘，但可以大大影響之後幾小時，甚至幾天的生活。

TRY THIS

如果你發現社交媒體榨乾了你的情緒能量，你可以設下使用時間的限制。訂個鬧鐘，規畫到時要做的事，這樣你就有動機關掉你的裝置。

最後，高ＥＱ的同理也包括要能明白對方何時不需要你的協助，或是還沒準備好分享他們的想法或感受。此時，請盡量給對方時間或空間，讓他們知道，如果他們有需要，你隨時可以和他們聊一聊，過了一段時間之後，也不要覺得不好意思，試著回頭問問對方吧。

現實中的同理

臉書（Facebook）的高階主管雪柔．桑德伯格（Sheryl Sandberg），最近在真實人生中親身示範了惻隱同理。

桑德伯格曾經面對喪夫之痛，她的先生二〇一五年時在一趟前往墨西哥的旅途中意外身亡。忽然之間，她不僅要面對喪偶的悲痛，還要面對獨自扶養兩個孩子的挑戰。在她先生過世後一個月，桑德伯格替我們打開了一扇窗，讓我們從她在臉書上的新貼文當中一窺她的想法與情緒。

「我認為，悲劇發生時，也可以有另一種選擇，」她寫道，「你可以向空虛投降，任憑虛無填滿你的心、你的肺，限制你思考甚至呼吸的能力，或者，你也可以試著找出意義。」[9]

桑德伯格在這篇貼文中讓人瞥見她極深刻的悲痛，但也點出她希望從新處境中學習，並用些方法善用她學到的心得來幫助別人。

二〇一七年二月，桑德伯格貼出另一篇臉書貼文，宣布公司政策將有重大變革，包括改變有薪假的天數，讓員工能追悼近親與遠親，以及照顧長、短期患病的家人親戚。

「在經歷戴夫（Dave）過世的這場噩夢時，孩子們比任何時候都需要我，我每天都很感激能在一家提供喪假與彈性的公司任職。」[10] 桑德伯格寫著，「我需要這兩項才能逐漸復原。」

桑德伯格不只找到方法繼續走下去，她還把自身的不幸當成催化劑，反省類似的情況可能對他人造成哪些影響。而且，她除了讓自己去感受同理之外，還**實際展現**同理：她跨出腳步，幫助別人。

當然，不是大企業的高階主管也可以對他人展現惻隱同理，日常生活中隨時有機會。

下一次當配偶、同事、朋友或家人對你說他們情緒低落時，不要用負面的眼光來看這件事，反之，請記住你上一次情緒低落時他們（或別人）如何幫助你，之後，利用過去的經驗當作範例，做點可以幫助他們提振心情的正面之事。

這就是惻隱同理的關鍵：這是一種把角色替代與惻隱之心轉化為正面行動的能力。你想讓對方知道的是，就算你不知道對方實際上經歷了什麼事，當你看到有人受苦，你想幫忙，這就是重點。

用這種方式展現同理需要投入時間與精力，但是這樣的投資能培養出強韌的連結，並讓別人展現出他們最好的自我。

價值貴如金

同理是ＥＱ的基本要素，觸動你與他人之間的連結。同理需要結合各種技能，包括善於傾聽與活用想像力。

同理的核心概念，可以用所謂的「黃金法則」來總結：己所不欲，勿施於人。短短幾個字，這條黃金法則就體現了同理心的三要素：認知、情緒和惻隱。遵行黃金法則，不僅能好好思考與感受，更能採取正面行動。

批評者宣稱黃金法則早已不成立，畢竟每個人的價值觀和品味都不一樣。難道不該改成「用對方想要的方式對待他」嗎？

但這樣的說法忽略了一個重點：黃金法則的美好之處在於實際可行。黃金法則簡單易記，同時也鼓勵人們要體貼並建立聯繫，此外，要實踐黃金法則的最終意義，必須考量到他人的品味、價值觀與觀點。畢竟，這不就是你希望別人在和你交流時能做到的事嗎？

但，也別誤會了，要在生活中奉行這條法則並不容易，這表示你要抑制衝動，不要太快達成結論（我們都很愛這麼做），面對別人時反而要多從好處想。當我們以高 EQ 的方式應用，同理可以大大增進你的人際關係，甚至你的生活品質。

還記得我本章開頭提到的皮爾斯先生吧？

很遺憾，他在幾年前過世了。我常常在想，多年來，他到底讀了多少類似的電子郵件、信箋和要求？一份新聞稿中這樣寫道：

「皮爾斯先生任職於多個委員會……他因為在機構裡擔負的職務必須經常出差……即便工作負荷大，但眾人皆知他絕對不會因為忙碌而不去傾聽需要協助或建議的人所說的話，他溫暖的笑容與出色的幽默感讓人感到安心。與他最親近的同事提到，不論背景或文化是什麼，所有人都會自然而然受到他吸引。」[11]

我永遠也無法忘記皮爾斯先生多年前教會我的那一課，我想有許多人也跟我一樣。

同理很寶貴，讓我們更有彈性、更能理解他人，也讓別人和你相處起來更加愉快。分享他人感受的能力是一種恩賜，但同時也是必須妥善掌控的能力，因為它也會帶來傷害。

學會做什麼與不做什麼必會強化你的人際關係，也能讓你的人生更豐富，因為你學會了透過他人的眼睛感受這個世界。

Chapter 6

The Power of Influence

How Emotional Connection Breaks Down Barriers and Changes Minds

第六章

影響力

情感交流如何打破藩籬並讓人改變心意

不聽人說話的人必須強迫他們去感受。

——德國諺語

克里斯·佛斯（Chris Voss）或許算得上是全世界最出色的談判專家。佛斯在美國聯邦調查局（FBI）任職逾二十年，其中有十五年擔任人質談判專家，期間他曾參與過逾一百五十件國際挾持事件。最後，他在幾千名探員中脫穎而出，成為聯邦調查局首席國際綁架事件談判人員；他擔任這一職務四年之久。

佛斯想起一九九八年某日，他站在紐約市哈林區（Harlem, New York City）一處公寓外的狹窄走廊上，據報裡面有三個持有重裝武器的人，這三個人在幾天前和敵對幫派火拼過。特種部隊站在佛斯幾步之後，小心翼翼戒備。佛斯的任務如下：在不動武的情況下說服這些人投降。[1]

因為沒有電話，佛斯只能隔著公寓的門喊話。他說了六個小時，沒人應他。他開始懷疑裡面是不是真的有人。

忽然間，門開了，一名女子走了出來，後頭跟著三個人。沒人開槍，沒人傷亡，甚至沒有半句粗話。

他是怎麼辦到的？

他用他稱之為「午夜廣播員嗓音」的聲音，不斷地表達以下概念：「你們看來並不想出來。你們大概擔心一旦開了門我們就會衝進去掃射。你們看來並不想重返監獄。」

之後，佛斯很好奇，他想知道到底是哪些具體理由讓這些人決定出來。

「我們不想被逮捕也不想被槍殺，你讓我們冷靜了下來。」他們說，「我們最後相信你們不會撤離，所以就出來了。」

多年下來，佛斯不斷琢磨他的溝通技巧，讓他能拯救千百條人命。

「並不是我讓現場的情緒高漲起來的，情緒早就存在了。」[2]佛斯在一次專訪中對我說，「這是人盡皆知、但又不能說出口的祕密。在每一次溝通之中，都有情緒這頭猛獸：情緒代表我們想要的，情緒的背後是我們真正在乎的事物。每一個人所做的每一個決策，都是以我們所在乎的事物為根據，也因此，從定義上來說，決策過程是一種情緒處理流程。

我的做法是不欺騙自己。人質事件的談判員不會在情緒上自欺。談判的重點是要順利穿越情緒，一步接著一步，之後，你就可以走到能影響別人的位置。這個位置的基礎是信任，讓你能左右最後的結果。這可能會使你改變別人的心意。」

定義影響力

影響力是一種行動，透過非武力也非直接命令的方法來改變一個人的個性或行為。影響力通常難以察覺：遷居英國的美國人可能並不了解新接觸的人們對於他的詞彙和口音有何影響，要等到他回老家，家人說他講話聽起來怪怪的才會有感覺。

人也可能在無意之中展現負面的影響力。缺乏社交認知的人也許沒有體會到自己太常自言自語，嚴重到身邊的人都在盡可能避開他；你的某個密友可能很愛推銷自己的意見，使得你根本不想向他們徵詢。這兩種類型的人都沒有察覺到別人如何看待他們。

還有另一種**有意的**影響。影響者運用說服與激勵的原理來克服障礙或管理衝突，他們激勵別人從不同方向思考，從新觀點看事物，甚至改變自身的行為。

這些試圖影響他人的行動可能是短期的，比方說，你可能會試著：

- 說服伴侶需要買些什麼（或不需要買什麼）。

- 在不直接命令孩子的情況下讓孩子去清理自己的房間。
- 讓情緒激動的朋友冷靜下來。

或者，你會試著對別人造成更長期的影響，比方說，你會想要：

- 幫助配偶戒菸或多運動。
- 讓你的主管不再什麼大小事都管。
- 將品格與個人價值觀灌輸到孩子身上。

當然，影響他人的能力是一種工具，可以用來幫助別人，也同樣可以造成傷害。在第八章中，我們會進一步討論影響力以及其他 EQ 特質會被用在哪些令人不愉快的目的上，以及你要如何保護自己。

但首先，先讓我們檢視各種影響他人的方法，看看這些方法在現實生活裡如何運作。

展現對於他人的興趣

戴爾．卡內基（Dale Carnegie）在經典之作《卡內基溝通與人際關係：如何贏取友誼與影響他人》（*How to Win Friends and Influence People*）裡寫了一段故事，說到他在某一場晚宴中遇見一位知名植物學家的事。[3]

卡內基寫道，那一整晚他都坐在椅子上，醉心地聽著植物學家講述異國植物的故事與園藝經驗。卡內基讓對方很投入這場交流，不斷提出自己在園藝方面的問題，並感謝對方的協助。散席時，這位植物學家向晚宴主人致意，稱讚卡內基是「最能帶來刺激且最有趣的對話專家」。

這個故事巧妙闡述了影響力的其中一個最重要的關鍵：展現對他人的興趣。

當你對對方有興趣時，你會提出疑問；不是侵略性或想說流言蜚語式的問法，而是出於好奇。你來自哪裡？在哪裡長大？去過哪些地方？這是用三句話問同一個問題，而這個問題有可能讓你們雙方聊上好幾個小時。

「如果你想成為出色的對話專家，」卡內基建議，「那你要成為一個能凝神傾聽的人……請記住，和你談話的人比較在乎和感興趣的是他們自己、他們的欲望與問題，遠勝於對你以及你的問題。」

卡內基的建議在他寫出這段話的當時已經非常有價值，時至今日，由於現代科技大幅縮短注意力集中的時間，它便顯得更加重要。走進任何一家餐廳，你一定會看到某些人抵抗不住誘惑，每幾分鐘就要查看一下手機，常常讓一起用餐的人覺得很苦惱。

反之，當你把談話對象當成整個房間內最有趣的人（方式是展現好奇心、聽他們的想法和意見），你就能變得與眾不同。這類對話沒有對錯，只是聆聽別人的觀點而已。當你努力理解為何對方這樣想、那樣感覺時，他們自然而然會想了解你。這麼做還有附帶好處，那就是即便他們不認同，也會用更開放的態度聆聽、看待你的想法和意見。

在乎他人是把對方放在第一位，這麼做能讓你受到大家的歡迎。畢竟，誰不想跟別人談談自己呢？

營造尊重

尊重能帶來尊重，對某些人來說，這是天經地義的道理，但若以整體社會來看，展現尊重的能力彷彿成了一門失傳的藝術，無論在工作上還是在家裡，諷刺挖苦、打斷插話成了自然反應。而且，當我們陷在情緒裡面時，常常會忘記基本禮儀。

以下幾個小祕訣可以幫助你贏得他人的尊重。

一、認可對方

在你開口和對方談話時，你可以先和對方打招呼以示尊重。輕輕點個頭、微笑或簡單問候，都有助於留下良好的第一印象。

討論到你不認同的主題時，試著認可對方的論點、感謝他們願意敞開心胸地分享。如果你不理解他們的理據，可以提出後續的問題。若要釐清，可以用你自己的話重述他們的論點，然後問問看對方你說的對不對。這些做法都有助於讓對方覺得你有把話聽進去。

二、了解整體

請小心，不要根據你沒有親身經歷的事件或情境驟下結論。在複雜的情況下，你可能會不小心遺漏某些細節或脈絡。即便你人就在現場，你看事情的角度也可能會受到個人偏見與認知傾向的影響。

採取行動前務必注意，要掌握情境細節。請相關人等說一說他們記憶中的事發狀況。有些人可能還會感謝你願意花時間聽聽他們的說法，這有助於在彼此尊重之下進行討論。

三、設定調性

如果你以冷靜理性的態度與他人交流，他們有很高的機率以同樣方式回應你。體認對方的難處與挑戰，他們也會比較願意聽你說，反之，如果你一開始就尖酸刻薄、語帶諷刺或是大吼大叫，你可能會引發對方的杏仁核高速運轉。

如果你試著想傳播某個觀點，要能充滿善意且公平，不要語帶指控。有句老話說得好：「用蜂蜜抓到的蒼蠅比用醋多更多（意指好聲好氣比酸言酸語管用）。」至少，你可以用蜂蜜當開胃菜。

四、讓你自己的觀點保持平衡

人很容易就會對不可一世、驕傲自負的人失去敬意；但相反的，如果你沒信心、不夠堅定，就會顯得軟弱，甚至被貼上耳根子軟的標籤。

請努力在自己與他人的觀點中找到平衡。你可以貢獻很多價值，別人也是。要維持這樣的看法並不容易，當你遭遇到和你截然不同的意見或理念體系時更是如此。但是，這是有可能達到的，前提是你要把重點放在找出優點：包含你自己的，以及和你交流的人們的。

抱著同理心提出理據

你們正在對話，突然話鋒一轉，轉向某個有爭議性的話題，你在這方面抱持堅定的立場。對話的另一方則和你意見相左，開始以強烈的措詞表達他們的信念。

這時你要如何回應？

很多時候，你可能希望不要再往下談了。你認為不值得把情緒投入這個話題，時間和場合可能也不適合。又或者，你根本管不著這些，只想全心投入，攻擊他人的論點、分析哪裡出了錯，並提出符合你自身（且通常不為人知）價值觀的理據來證明自己是對的。你甚至會轉而攻擊對方的人格，指控別人欠缺常識或心術不正。這類攻擊會激發出類似的情緒反應，使得雙方唇槍舌戰但什麼都沒能好好談，最後的結果是你和對方堅持己見，雙方的距離比剛開始對話時又拉得更遠。

處理這種情況其實另有方法，像是抱著同理心提出理據。

以理性為本的方式相對穩固、公平且合理。問題是，一方認定的穩固、公平且合理，和另一方的評估大不相同，在面對有爭議的主題時尤其如此。但正因如此，同理心便格外重要：同理讓你能從他人的觀點提出理據，而不是從你自己的。

抱持著同理心提出理據有助於促成主動傾聽，並讓另一方在對話結束之後有所反思。這不僅能替未來的討論鋪路，還能增進對方思考其他觀點與可能性，甚至改變心意。

因此，如果不希望對方拒絕你的論點，而能讓他們傾聽與思考，該怎麼做？

一、從共同立場出發

嘗試說服、說動他人時，重點是要先找到你們都同意的觀點，這有助於你把對方當成夥伴或盟友，而非敵人。「高效的說服者，必須嫻熟利用可以凸顯優勢的方式來描述自身立場，」[4]備受尊敬的商業學教授、同時也是《必備的說服藝術》（*The Necessary Art of Persuasion*）作者傑伊．康格（Jay Conger）表示，「任何為人父母者都可以告訴你，要讓孩子願意跟你去一趟雜貨店，最快的方法就是告訴他收銀檯前有棒棒糖……在其他狀況下，具備說服力的溝通流程可能會更加複雜，但基本原則是一樣的，也就是找出共同利益。」

在選擇建構理據時，關鍵是先理解你的受眾。當然，你要知道對他們來說什麼才是重要的議題，但同樣的，你要明白為什麼這些議題如此重要。如果你做不到，你在說服他人的過程中很可能被導引到錯誤的方向。

在找到共同的立場前你需要做點功課：和你的受眾以及親近他們的人對話，並仔細傾聽他們提供的意見。

「這些步驟有助於（最出色的說服者）想透立論、證據，以及希望表達的觀點，」康格解釋，「通常，這個過程會讓他們在說服別人前，先調整自己的計畫或有所妥協。他們就是透過這種慎思、探問的方法發展出可以打動受眾的架構。」

為了便於說明，假設你想要說服主管加薪。你可以衝進他的辦公室長篇大論，詳述你長期以來在公司裡的貢獻、你的特殊技能以及你數不清的成就。在你心裡，這是非常有說服力的論述。

但，你所不知道的是，你的主管已經為了預算超支而心急如焚，只要能解決問題，他什麼都願意做，甚至連縮小團隊規模也在所不惜。他們如果感受到你對現狀的不滿，也許會判定最輕鬆的選擇就是砍掉你。

相反的，如果你先把重點放在理解主管的需求上呢？當你在思考如何提出想法時，你會先分析對方目前的優先要務，因此而了解到，如果你可以幫主管控制整個部門的預算，就有更好的立場要求加薪。

這種帶著同理的做法，有助於你以主管的優先順序為核心來建構你的理據，針對他們最在乎的問題提出具體解決方案，提高你得償宿願的機會。

二、提出具策略意義的問題

問對的問題，會讓你的夥伴有機會表達自己的想法，並揭露他們對於目前在談的問題有何想法，促成更開放的討論，並讓你更理解他們的立場。

幾個範例如下：

你對於……有什麼感受？

哪一點說服你讓你決定這麼做？

如果……的話，你會有何反應？

哪些因素會改變你對這件事的感受？

此外，請對方一步步解釋他們自己的信念，也會刺激他們更深入思考某個議題。往往，他們會領悟到自己對這個議題的了解並不如想像中深入，而這會讓他們放軟姿態。

三、提出對方可能會尊敬的證據

任何論點都需要證據才有說服力，然而，在一個數據充滿誤導性、資訊來源可能造假的世界裡，你要如何才能找到既有說服力又準確的證據？請記住，人各有不同的背景、成長環境與文化，你覺得有說服力的事物，另一個人可能不以為然。也因此，你必須更進一步了解對方的論點。他們受到哪些人的影響或激勵？他們引用哪些研究或資料來源？回答了這些問題之後，你可以從他們最可能敬重的來源尋找數據與專家意見。（小心不要引用錯誤或是汲取去脈絡化後的資訊，這將會有損你的可信度。）

可以確信的是，做這些事很花時間，也很有挑戰性，卻是一項值得的投資，因為這會讓你用更能打動對方的方式提出證據，不會浪費時間去建構他們連考慮都不考慮的立論。

四、知道何時讓步

討論過程中，你會愈來愈深信對方是錯的，你可能會看到他們的立場出現重大缺失，然後試著給對方「致命一擊」。

但人對於自己的信念都有著感情上的羈絆。如果你無情地揭露對方理據中的每一項錯誤，他們會覺得受到攻擊，大腦的杏仁核會接手運作，他們將不再聚焦於傾聽或進行理性討論，反之，他們會展開自我防衛或者回擊。

不要試著展現你的優勢，反而要把重點放在多了解對方的觀點，以及論述背後的感受。之後，聚焦在重新建立共同的立場，目標是要奠下後續可以發展的基礎。最重要的是，要努力用正面的方式離開這場對話：感謝對方敞開心胸表達意見，幫助你理解他們的觀點。

請記住，要延續影響力需要時間。你的目標並不是在單一的討論中「贏得辯證」或是改變對方的心意，請努力放遠目光、提高格局。

> 圓融的祕訣在於避免樹敵又能言之有理。
> ——艾薩克．牛頓（Isaac Newton）

挑起對方的情緒

說服對方接受事實和激勵對方起身行動並不相同。要能真正激發一個人有所作為，你必須挑起對方的情緒：深入人心，以影響對方的想法與感受。

藝術家是召喚情緒反應的專家。請想一想你最欣賞的演員、舞者或音樂家。這些藝術家之所以能打動你，可能是因為他們有能力讓你去感受。雖然你不曾親自見過這些人，但是他們可以在很親密的層面觸動你。他們可以讓你笑、讓你哭、讓你在四下無人時翩翩起舞。

或者，回想一下你的校園生活。還記得你最喜歡的老師或教授嗎？他們都有絕佳的能力，能把枯燥無味的事實講得津津有味。他們所說的故事，他們表現出來對人的興趣等等，讓你覺得遇見他們是人生中的亮點。很有可能，正是這些心靈導師的影響，才讓你成為今天的你。

雖然你要在不同的脈絡下尋找影響力，但是，觸動情感交流的原則是一樣的。要能激發他人起身行動，你必須挑起他們的情感。

以下有幾個方法可以辦到。

一、展現熱情

熱情會傳染。如果你真的相信自己所說的話，你的熱情自然會傳播開來，去激發別人。（想想一位好教練或個人訓練師那深具感染力的能量與幹勁。）

這不代表你要作秀或變得不像你。最重要的是，你是真正信服。如果不是，請花點時間整理你的想法或信念，把事情想得更透澈。把注意力放在這樣做帶來的好處，之後，你的熱情就再真實不過了。

二、應用範例與說故事的力量

數字、數據和精心建構的理據，都是具說服力的證據中的重要面向，但是，如果只靠這些，能夠觸動人心的效果有限。簡單來說，這些東西很無趣。

然而每個人都喜歡聽故事。當你用軼聞或真實例子來闡述你的主題時，就賦予了它生命，讓你的聽眾聽進去，並觸動、打動他們。同時，你也搭起了理論與實作之間的橋梁。

不要只是清點事實，想辦法賦予他們生命。

三、重複、重複、再重複

最偉大的老師，是精於重複的好手。請想一想你的父母要把相同的話說多少遍，你才會真正聽進去。或者，注意一下出色的演說家如何不斷地複述關鍵用詞，就像你最愛那首歌的重複部分或副歌一樣。馬丁·路德·金恩二世（Martin Luther King Jr.）巧妙運用「我有一個夢」這句話，便是絕佳範例。

以下是經典的簡報建議：告訴群眾你將要對他們說什麼，然後對他們說出來，再重複告訴群眾你對他們說了什麼。

善用重複的藝術是一大挑戰，更別說你很容易因此顯得僵化或死板。雖然重複關鍵詞有很強的力道，但是，你必須善用不同的表達方式，重新建構你的主要論點，像是：

- 換言之（或者，基本上）……
- 我想要說的是……

・重點在於（或者，要點就是）……

這種技巧可以讓你用不同用詞重複關鍵的重點，讓你掌控聽眾最有可能記住的部分。

四、善用驚訝的元素

不正統或「讓人嚇一跳」的方式，可以真正抓住他人的注意力。比方說，我的一位作家友人麗姿．蘭希（Lyz Lenz）曾經寫過一篇很棒的文章，標題是：「親愛的女兒，我希望你失敗」。[5]

這篇文章的重點，寫的是蘭希小時候如何學習面對失敗，從錯誤中學習，然後變得比之前更堅強。她把這和所謂的「剷雪機父母」（snowplow parent）拿來做對照；後者講的是不斷保護孩子免於失敗的父母，竭盡心力替孩子鋪出康莊大道，讓他們的人生輕鬆一些。

「沒有失敗的人生並非成功，而是平庸。」蘭希主張，「我不想教我的女兒如何逃避，也不想替她鋪路。我想要教她如何退一步、重構，然後一再嘗試。」

理據很棒，重點也很出色，但是，如果沒有以強烈的標題作引子，多數的讀者絕對不會去讀這篇文章。你也可以這麼做，用扣人心弦的陳述方法在情緒上鉤住你的聽眾，讓他們集中注意力之後，再傳達訊息強化你們共同的價值觀。

現實中的影響力：大舞台上的惻隱之心

席琳．狄翁（Celine Dion）是全世界最有人氣、最知名的歌手之一，對她來說，事發的這一天不過就是另一個工作天。一如過往無數的日子，那天她也在千百人面前演出，地點在拉斯維加斯（Las Vegas）的凱薩宮（Caesars Palace）。[6]忽然之間，一名看起來如癡如醉的歌迷衝上舞台，想要站在狄翁身邊。保全試著要把她架走，但這名歌迷全力反抗。

如果不是狄翁以驚人的沉著鎮定控制大局，情況很可能快速失控。

狄翁沒有聽任保鑣處理，也沒有跑開，她展現對這位歌迷的尊重，認可她的存在、對她說話。狄翁甚至表達了對歌迷的感謝。

「我要告訴妳，」狄翁一邊說，一邊緊握這名女子的手，「我很高興妳今晚來到舞台上，我很高興……妳想更貼近我。」

家庭場域

假設你很冷靜地和另一半討論某個議題。沒多久，你們之間就出現重大歧異，你也注意到對方的情緒變得很激動。此時，你可以繼續主張你的論點，冒著對方失控的風險，或者，你可以讓對方說出心裡話，仔細傾聽，然後試著找出方法繼續討論。

當你試圖讓對方冷靜下來的同時，你也影響了他們的情緒。但是接下來呢？你要如何用高效的方式繼續討論？（如果你們討論的是很重要的主題，可以之後再談。）

請仔細思考開口的理想地點與時間，例如選個雙方都很放鬆、心情好的時機。另一方面，你也應該想一想要怎麼重啟這個話題。請記住，一開始先道歉（適當的話）、表達感謝或提起其他共同立場，有助於營造較正面的氣氛，增進理解與合作的機會。

此時，這名歌迷緊抱住歌手，還用腳環著狄翁。保全馬上逼近，但狄翁暫時制止他們，請他們待在附近就好，以防她需要協助。她接著用冷靜、平穩的聲音對這位女歌迷說話。

這位歌迷之後對群眾說了一些聽不清楚的話，但狄翁聽到一些資訊，她用來營造共同的立場並建立連結。「妳知道嗎？」狄翁說，「我們有些共同點，我們都擁有可愛的寶寶，而且我們會為他們奮戰。還有，我們（兩人）都穿金色的衣服，這是一個徵兆。」

在整段經歷中，狄翁展現了驚人的同理心。她鼓勵歌迷唱歌跳舞，讓這位女子的心情從失控、挑釁轉變成愉悅、合作。不到兩分鐘，狄翁就說服這位擾亂的人和她的「朋友」（也就是保全）一起走下舞台，讓一個充滿挑戰的情境以最圓滿的方式收場。

之後，狄翁回到舞台上，鬆了一口氣，群眾掌聲如雷。

這是最好的情緒影響力。

打動他人

無論是工作面試、要求折扣，還是要開口和某人約會，每一個人隨時都在試著展現影響力。

但請記住，影響是一套漸進的過程。我曾經和本章一開始提到的佛斯聊過，他把影響過程比喻成樓梯。「人傾向直接往想要的方向走，」佛斯指出，「但是，以影響力來說，兩點之間最短的距離並非直線。影響力就像爬樓梯一樣，每一步都是下一步的基礎。影響力的重點在於培養出獨特的默契，要做到這一點需要有同理心。每一步都引導著另一步，最後讓你走到能影響他人的位置。」

為了說服他人從不同角度思考，你必須先理解他們怎麼想。理解他們的痛處，你才能設法解決。要了解他們的溝通風格，以及驅動他們的動力與動機，才能用他們能懂的方式說話。

更重要的是，這樣做可以幫助你在情緒上打動他們，同時，又能回過頭來激勵他們採取行動。

但，你也必須要明白人和環境隨時都在變動。你最重要的人際關係，必須經過多年的交流才能成形。那麼，EQ如何幫助你享有更優質的人際關係？這必須建立在穩健的基礎上。我們下一章就要來談談這個主題。

Chapter 7

Building Bridges

Cultivating Deeper, Healthier, More Loyal Relationships

第七章

架起溝通的橋梁

滋養出更深刻、健全且忠誠的關係

沒有人是一座孤島。

——無名氏

過去十年，我曾經見過或訪談過無數的高階主管、經理人與企業家，當中很多人都靠著血汗和淚水打造出自己的事業或企業，然而，講到工作倫理，沒有任何人能與我的岳母瑪格麗特（Margret）相提並論。

瑪格麗特（我稱呼她「姆媽」）一九五八年生於波蘭，那是一個很艱辛的時代。她很清楚什麼叫掙扎求生，因此她不覺得有什麼是理所當然的。她教兩個女兒也要這樣過日子：享受美好的瞬間，為辛苦的時刻做準備，並且培養強韌的人際關係。

對姆媽來說，最後一項再自然不過了。不管是她剛結識的人還是相熟多年的人，每個人都感受到姆媽的重視與在乎，他們也因為這樣而受到姆媽的吸引。舉例來說，當她決定離職，不再負責清理某家大型車廠高階主管的辦公室時，對方的祕書懇求她留下。她非常信任姆媽，也愈來愈喜歡他們之間提振心情的閒聊。儘管姆媽最後還是決定離職，但是她留下的印象讓人長存於心。這位祕書和她從未斷過聯繫，三不五時過來姆媽家喝咖啡。

還有羅麗（Laurie）和佛迪斯（Verdis）；有一年全家去夏威夷度假，姆媽就和這對夫婦交上了朋友。羅麗是朋友的朋友，很快就和姆媽熟稔起來。他們一下子就形影不離，假期結束時，兩人揮淚道別。之後姆媽和羅麗長年來固定聯絡，多半透過信件和電子郵件。這聽起來沒什麼大不了，除了一件小事……姆媽不會說英語。她和羅麗溝通時要透過翻譯（通常是我太太），但不知怎麼的，他們還是建立起牢不可破的關係。

即便到了人生的最後時刻，姆媽還是在交朋友。她總是不停感謝在醫院護理站工作的醫師和護理師，每當我們去探病時，她就想介紹給我們每一個人認識。醫護人員的工作性質特殊，每天都要面對病痛，但是他們仍能保持正向、友善與仁心，這一點讓姆媽讚嘆不已。他們值得肯定與讚賞，姆媽也給予認同。

我可以繼續細數姆媽和他人建立關係的種種能力：她長年照顧自己年邁的母親與婆婆，還花了許多時間擔任志工幫助他人。在姆媽這些年來教會我的道理中，有一項最重要：滋養出有益的人際關係是辛苦的工作，但是絕對值回票價。

強韌關係的價值

我們的人生取決於我們和他人的關係。從呱呱墜地那一刻起，我們就要靠別人撫養、哺育與照料。無論我們後來有多獨立自主，若能得到別人的協助，永遠能有更多成就。

但成就只是剛開始而已；研究指出，良好的關係也能讓我們更幸福、更健康。[*]

那麼，你要如何滋養出更優質的關係？

幾年前，Google 裡的研究團隊踏上一段追尋之旅，準備找出是哪些因素讓團隊成功。他們將這項研究取名為亞里斯多德專案（Project Aristotle），向這位哲學家的名言致敬：「整體大於部分的總和。」

這支研究團隊分析了幾十支團隊，訪談幾百位高階主管、團隊領導者以及團隊成員，他們找到許多有助於增進團隊效能的因素，但最重要的是讓團隊成員能感受到「心理安全」（psychological safety）。[2]

「心理安全感高的團隊，所有團隊成員都會覺得可以安心冒險。」研究人員寫道，「大家都相信團隊裡不會有人去羞辱或懲罰任何承認犯錯、提出問題或發表新想法的人。」

簡單來說，好的團隊是在信任的基礎上蓬勃壯大。

偶爾，我們會連想都沒想，就完全相信陌生人：載我們飛回家的機師，或是在外用餐時替我們烹調食物的廚師。但這類信任有環境上的限制，會隨著情境而不同。要培養出更深入的信任，需要做到能長期讓他人受益。

我們或許可以把所有人際關係都想成在自己與他人之間的一座橋。穩健的橋梁必須搭在穩健的基礎上；以人際關係來說，這個基礎是信任。沒了信任，就不會有愛、友誼、人與人之間的長期聯繫。有信任，就有行動的動機。如果你相信某個人在乎你的最佳利益，你幾乎會讓對方有求必應。

在本章中，我會列出實用祕訣，讓你可以遵循，以贏得他人的信任。當你讀到這裡時，請想一想身邊的人。你信任的人如何展現這些行為？你個人在哪些領域還可以改進？回答這些問題，可以幫助你滋養並維持更深刻、更有益的關係。

*

羅伯・沃丁格（Robert Waldinger）是一位精神病學家，目前擔任哈佛成人發展研究（Harvard Study of Adult Development）的主持人，這個中心是史上最全面的情緒福祉研究之一。有人要他報告這項長達七十五年研究的結論時，他引用以下這段話，擲地有聲：「良好的關係讓我們更快樂、更健康，就這樣。」[1]

培養信任需要有效且持續的溝通。

持續的溝通能讓你觸及對方的現實生活，你很快就會知道他們的順境、逆境，以及他們如何面對。此外，你也傳達出一個信息給他們：對他們來說很重要的事，對你來說亦如是。

舉例來說，研究機構蓋洛普（Gallup）根據最近一項系列研究總結，指出最高效的經理人會結合面對面、電話與通訊軟體去聯繫員工，他們會在二十四小時內回電或回電子郵件。此外，蓋洛普發現，多數員工看重經理針對「你工作以外的人生發生了哪些事」所做的溝通。這些可讓員工感受到經理或團隊主管帶人也帶心。

每個人各有不同的思考方式與溝通風格，但同樣重要的是，你要清楚表達自己。請記住，沒有人會讀心術。有些人需要更多細節，因此，請設法用對方能理解的方式表達自己。

至於在家中呢？要找到時間溝通沒那麼簡單。為人父母者工作的時間比以往更長，小孩則把大多數的時間花在學校裡或和朋友相處，在家時可能還抱著手機或電腦。你要如何持續地和親愛的家人溝通？

TRY THIS

設定目標，每天至少要共進一餐。不要去和電子裝置爭寵，反過頭來好好利用：把通訊軟體或社交媒體當成和家人保持聯繫的工具。和家人分享你今天的喜怒哀樂，也請家人這麼做。這不代表用電子取代面對面的溝通，而是相輔相成。發送簡訊給配偶或孩子，就算是說「謝了」、「想你」或「愛你」，都有助於培養信任感與情緒安全感，也可提升想多花點時間相處的欲望。

真實真確

真實真確促成信任。你會受到你認為很真的人吸引，這些人「真心誠意」。但是，真實真確到底是什麼意思呢？

做到真實真確的人，會和他人分享自己真正的想法和感受。他們知道別人不見得認同，但他們覺得這沒關係。他們也理解自己並不完美，卻願意展現這些不完美，因為他們知道別人也一樣。真實真確的人接受別人本來的面貌，這樣的人很可親。當然，要做到「真實真確」，說起來比做起來容易。事實上，EQ的某些面向很可能反過來造成阻礙。

舉例來說，如果你具備高度的社交認知，你很可能對於你所說的話、所做的事給他人造成的影響極為敏感。如果這樣的敏感度可以導引出更多的圓融與尊重，那就有益處，但是，如果導致你持續隱藏自己真正的感受或言不由衷，就會損害你和他人建立信任的能力。

蘋果的高階主管安琪拉・艾倫茲（Angela Ahrendts）在接受記者蕾貝卡・賈維絲（Rebecca Jarvis）專訪時就談到這一點。被問到職涯中得到最差勁的建議是什麼時，艾倫茲提到她曾在一家大企業工作，人力資源部門的一位經理對她說，如果她希望被當成「有可能的執行長人選」，那她就得做些改變，比方說，講話時不要這麼激動，比手畫腳。[4]

在公司的建議之下，艾倫茲前往明尼亞波利斯（Minneapolis）會見一位教練，在那裡，她會被跟拍，並接受批評指教。「我應該要在那裡待上幾天，但是幾小時後我就走了。」艾倫茲說，「到了第一天中餐休息時間，我看著他們並說：『我得走了。我不想變得不像自己。

我喜歡自己，到目前為止，我都很做自己，我在一個大家庭成長，媽媽愛我，朋友們愛我……我不在乎頭銜和地位。我每天早上起床時，都想成為最好的自己。我不想成為你們試著要我成為的那個人，所以，很抱歉，我得離開了。』我就走了，差不多一個月之後，我接到電話，成為 Burberry 的執行長。所以，我認為，要忠於自我。」

真實真確不代表你要隨時隨地和每個人分享關於自己的一切，但這確實意味著你要言行合一，並堅守你的價值觀和原則，超越其他因素。

不見得每個人都會欣賞你，但對你來說很重要的人會。

樂於助人

取得他人信任最快的方法之一，就是幫助對方。

回想一下你最喜歡的主管或老師。他們從哪個學校畢業，拿的是哪一種學位，甚至之前有哪些成就，這些和你們之間的關係都不相干。但，如果他們願意從百忙之中撥時間出來聽你說話或幫助你呢？他們隨時準備跳下來、在你身邊一起奮鬥呢？

這類行動會激發出信任感。

家庭生活也適用相同的道理。小事很重要：幫忙煮一杯咖啡或一杯茶，幫忙洗碗或其他家務，把車子裡的雜貨順手拿進來。

現實中，樂於助人的精神便是讓我追到我太太的原因。我們是多年好友，當我要約她出去時，她卻拒絕了。我很難過，她說我們還可以做朋友，而我不確定我做不做得到。但，我知道她很特別，我也沒有準備好讓她就此完全離開我的人生，因此，我同意了。

不知怎麼的，我們還真的繼續當朋友。一年後，我感覺到她對我的感覺開始有了變化……因此，我問她要不要再考慮考慮。

二〇一八年時，我們歡慶十週年結婚紀念。

我們在一起之後，我問她是什麼事讓她改變心意。「你還是一直很熱心又樂於助人，」她說，「有些人，如果你不想跟他們談戀愛，他們就會變得很惡劣、怪罪你或是變成另一個完全不同的人，但你沒有。就算我已經拒絕你，你還是幫助我度過難關。我們是多年好友，所以我認為：他一定會變成別人的好先生，那何不成為我的？」

請記住，無論你是要和朋友、戀愛對象還是同事培養關係，信任都是長期抗戰。無論何時何地，只要力所能及就盡可能伸出援手。

謙遜

要培養出樂於助人的態度，需要謙遜。為人謙遜不表示你沒有自信，或你永遠不會為自己的意見和原則挺身而出，反之，謙遜在於承認自己有所不知，而且樂於向他人學習。

舉例來說，如果你比同事或客戶年輕或資淺一點，你可以認同這一點並謹記在心。如果你展現樂於學習的態度，就能給人謙遜的印象，也自然能贏得信任。

反之，如果你較年長或經驗較豐富，就要展現尊重，不要很快地就駁斥新想法或技術，要讓與你共事的人感受到尊重，多請教他們的意見與觀點，並在他們發言時仔細聽。當兩方都認同彼此可做出某些寶貴的貢獻時，就能營造相互成長的安全環境。

謙遜也代表願意道歉。

「對不起」可能是世界上最難說出口的三個字，但它同時也具有強大的力量。當你願意認錯，就代表你有多在乎他人對你的看法，這會讓你和他人的關係更加緊密，並建立起彼此的信任感與忠誠。

誠實

多數人明白誠實和信任是相輔相成的，但誠實的溝通需要的不僅是說出你真心相信的事，也代表你不可以只說一半事實，而且要確定你並沒有用會讓他人誤解的方式提供資訊。把重點放在技術用語、漏洞或是免責條款或許可以讓你在談判中贏得勝利，但無法獲得他人的信賴。

欺瞞狡詐的人或許會得到短暫的成功，但你和他人之間的信任遲早會發揮作用，使得誠實的人最後脫穎而出，他們是公司裡更有價值的員工，在家裡也能促進家人間的安全感，同時還能對朋友提出有用的建議。

道歉並非代表你是錯的、別人是對的，這代表你看重這段關係多於看重自我。

可靠

在現代，人們想要打破協議或承諾，是稀鬆平常的事。無論是和朋友共度週末、以握手達成的商業協議還是對情人許下的諾言，很多人都發現，當出現任何不便時，就能輕鬆收回自己的話。

人收回承諾的理由百百種，但說到底多半都是因為一個簡單的事實：我們活在當下。如果答應的立即好處勝過拒絕的不安，多數人就這麼承諾了，根本沒有認真思考自己能否達成以及如何信守諾言。

那麼，言出必行的關鍵是什麼？

培養自我覺察與自我控制，可以避免你許下無意遵守的承諾。舉例來說，正面又樂觀的前景可能會導致你在工作上過度承諾……一旦面對現實，你常常心有餘而力不足。認清事實，訓練自己在承諾之前三思，可以幫助你少接一些工作，更能趕上設定的期限。

研究人員也發現，當協議和道德責任感相關時，許諾的人比較可能信守承諾。[5]換言之，這些人之所以說到做到，是因為這是「對的事」，即便這麼做可能帶來某些不便或不利，也在所不辭。

當然，承諾有不同等級。晚上無法和朋友一起看影集，造成的傷害遠不如對孩子毀約，也不及其他人交付你的業務期限。當然，有時候，有些不得已的情況也會干擾你堅守承諾的能耐。

但，如果你養成守信的習慣，而且不問大小，你就能建立起可靠且值得信賴的好名聲。

表現愛

多年前我主持一個專案，潔西卡（Jessica）是我團隊裡最資深的成員，她很辛苦。問題不在於她的工作表現，而在於她有點過勞了。我們服務的客戶不容易伺候，潔西卡說：「你知道，我快爆肝了，這樣下去我撐不了多久。」

我安撫她，說我欣賞她的工作，等這陣子的任務忙完之後，我會讓她休息一陣子。而我們最後在沒有潔西卡的情況下完成剩下幾天的工作，因為她被發派到另一個案子上了。在總結會議上，我們得到了客戶大力的讚賞，我第一時間就想著要通知潔西卡這個好消息。

我先問問潔西卡這個星期過得如何，之後才告訴她這個消息。我告訴她，不管是任何客戶，這都是我們得到過最棒的回饋意見之一，從他們口中說出來更是意義重大。我也特別感謝她在這個案子裡發揮的作用，我對她說，我很清楚，少了她，事情不會這麼順利。

你可以「聽到」電話另一端的微笑。她謝謝我（兩次）撥冗打電話給她，最後她說：「你不知道這通電話對我來說有多重要。未來我很樂意再次參與類似的專案。」

哇！真是一大改變。

這件事說明真心誠意的讚美有多可貴。這不是空泛的恭維，目的不在於以後我能否從潔西卡身上得到回報。這通電話是花點時間把功勞歸給該得的人；很可惜的是，多數人都忽略了這件事。事實上，在任何功能不彰的關係當中，最常見的抱怨之一就是：「我感受不到有人珍惜我。」

人很需要讚美與表揚，問題是，對某些人來說，要用正面的方式強化或鼓勵他人相當困難，因為他們自己也不曾得到過。如果你在充滿批評的環境下成長，把重點放在以下幾點或許可以改變心態：

一、要真心

嘗試表面討好或恭維，長期來說會造成反效果。你也不應該把表揚當成待辦清單上的項目，做完勾掉就好。真心的讚美，是持續在他人身上尋找優點的結果。

但是，如果你在某人身上很難找到值得表揚之事，那怎麼辦？你可能會想：我不可能真心誠意去讚美每個人，對吧？

錯。

每個人都有一些值得表揚之處。學著去找出、認可與讚美這些才華，你可以引導出他們身上最好的部分。

這樣的思考過程訓練你去看待他人身上好的一面，也激發你給對方即時的讚賞。畢竟，如果你看到員工面臨風險，你一定會刻不容緩地做出提醒和修正，對吧？同樣的，當你看到員工的良好表現應該正面地強化它，並鼓勵他們持續下去。

二、要具體

對他人表達一般的讚賞有其價值，但你描述得愈具體愈好。務必告訴對方你欣賞的是哪些部分，原因何在。

以職場為例，或許可以這樣說：

「嗨（對方姓名），你有空嗎？我想和你說件事。我知道我可能表達得不夠好，但我非常欣賞你所做的事。你（插入對方在負責專案、服務客戶、解決問題上的具體行動），太棒了。我看到你體現了（插入對方具體的人格特質），也看到這一點為公司帶來的益處。請保持下去。」

你對這些話有什麼感受？

當然，你必須針對你要說的鼓勵和慰勉做些個人化的調整。如果你這麼做，對方會感受到你的誠心，因而受到吸引。

警語：讚美和所有事物一樣，必須找到平衡。讚揚不夠好的表現，以後你就會持續得到不夠好的成果。此外，如果你太過頭，什麼都大力讚賞，大家就不會再認真看待你的意見。但，真實世界裡這通常不成問題。實際上，比較常見的是大家覺得自己的努力不被重視或根本沒人看到。讚美的力量之所以如此強大，部分理由也在此：如果養成習慣讚美別人，他們也會起而傚尤。

TRY THIS

以一個月為期，每星期安排二十分鐘，思考一下對你來說很重要的人，你欣賞對方哪些事。這個人很可能是你的伴侶（或其他家人）、朋友、事業夥伴、同事，甚至是競爭對手！

之後，花點時間寫個便箋給對方、打個電話或親自和對方見個面。具體說明他們給了你哪些幫助或是你看重他們哪些事。不要提及任何其他主題或問題，表達愛就好了。

從負面到正面

雖然讚美與表揚可以鼓勵人心、振奮士氣，但負面的回饋意見也是成長的要項。就是因為這樣，我在第四章時才鼓勵大家把負面回饋當成一種恩賜。

然而，說到提出批評指教，你應該明白大部分的人不這麼看待。一般人都覺得負面回饋意見是一種攻擊，會讓他們以牙還牙。害怕面對這樣的對立，會讓你怯於說出對方非常需要聽到的建言。

「人都會擔心對方作何反應，」[7]《培養出色員工》（*Growing Great Employees*）的作者艾莉卡．安德森（Erika Andersen）在一篇她為《富比士》（*Forbes*）雜誌撰寫的文章裡說到，「如果對方生氣怎麼辦？哭了怎麼辦？如果他說我才是個笨蛋怎麼辦？如果他開始心生防衛並怪罪我怎麼辦？還有另一件事讓提出建議如此困難，那就是我們不知道該說什麼。『我沒辦法明白告訴對方我認為他的態度很差，』我們會這麼對自己說，『他會告訴我他的態度很好，是我不理解／喜歡／尊重他，事情會從糟糕惡化得更糟。』」

為了化解這種可能帶來對立的顧慮，很多人改用三明治法提出回饋意見，一開始先說正面的話，再加入批評，最後用正面語調總結。這種策略會出問題：有些人看透你讚美中想搭載批評的意圖，連聽都不想聽。他們知道讚美不是訊息的真正目的，因此就算當中的正面回饋意見是誠心誠意的，也都是白費力氣。有些人的反應則相反：他們只聽好話，對於需要改進的點完全充耳不聞。

如果不用三明治法，又該如何提出負面回饋意見？我發現以下的辦法很有效：

比披薩更棒

杜克大學（Duke University）心理學與行為經濟學教授丹·艾瑞利（Dan Ariely）用一個有趣的實驗凸顯讚美的價值。[6]在《動機背後的隱藏邏輯》（*Payoff: The Hidden Logic That Shapes Our Motivations*）一書裡，艾瑞利仔細檢視一家半導體工廠裡員工一星期的活動；工廠答應員工，如果他們每天裝配的晶片達到特定數量以上，就可以獲得三種獎勵中的其中一種：

· 約三十美元的現金獎金。

· 免費的披薩提貨券。

· 主管傳送的「幹得好！」讚美簡訊。

第四群人是對照組，什麼都沒有。有趣的是，第一天時，披薩是最強的動力，這一組的生產力比對照組高了百分之六點七。有點讓人意外的是，現金只拉高了百分之四點九的生產力……而且，以整個星期來說，生產力其實還下降了百分之六點五。

然而，更有意思的是，以整個星期來看，最有利的激勵因素卻是：讚美。

如果主管承諾發送簡訊便可提高生產力，那真實、真心且真誠的讚美不正能帶來更大的功效嗎？

一、**讓對方有機會自我表達**

當你讓溝通對象擁有部分的掌控權，就可以讓他們輕鬆一點。此外，你也可以了解一些細節，知道他們如何看待眼前的情境，這可以幫助你們繼續向前邁進。

二、**認可他們的感受並展現同理**

如果對方承認自己遭遇困難，你可以分享自己在類似狀況下的掙扎，以及過去別人如何幫助你。

三、**提出適當的問題**

對的問題可以幫助你更了解對方心裡發生了什麼事，指出相關的情報或觀點落差。如果真的有問題而且對方沒有留意到，你可以問問看對方是否願意聽聽你分享自己或他人注意到的部分。

四、感謝對方傾聽

不要為了無關的事讚揚對方，只要感謝對方打開心胸聽取你的回饋意見就好。幫助對方看出你的建議是有用的而非有害的，你可以將你的回饋意見從破壞性變成建設性。

在現實生活中該如何給予回饋意見？請想像一下以下的場景。

你在工作上擔任管理職，珍妮（Jenny）是你的團隊成員，她最近做簡報時犯了一些大錯。你要安排時間和她討論一下。

你：「謝謝妳昨天負責簡報。我想要了解一下妳的想法，妳覺得昨天表現得如何？」

珍妮：「說實話，做簡報對我來說很辛苦。我向來會預作很多準備，我知道這類題材對我來說易如反掌，但我在人群面前很容易緊張，會沒有自信，甚至會開始結巴……接下來你也知道，我只能事後檢討。」

你：「我懂了，很遺憾聽到妳說起這麼辛苦的過程。妳知道嗎，我自己到現在做簡報時還會緊張。」

珍妮：「真的嗎？但是你上台時台風很穩健。」

你：「謝謝。多年來我有很多練習機會。妳剛剛提到花了很多時間做準備，這很棒，妳做得相當好。我能問一下嗎？妳這一次是如何做準備的？」

珍妮：「第一點，我自己做所有投影片，因為我已經有很具體的畫面，知道應該如何傳達訊息。我幾個星期之前就做完了，然後做了一些小幅修改。我在腦海裡複習這些投影片上千次了。」

你：「我懂了。那妳有沒有在當眾簡報之前先大聲練習？」

珍妮：「噢……我沒有。」

你：「我以前也沒有，後來有人建議我這麼做，我發現這樣很有用，腦海裡的簡報和我第一次大聲念出來就是不一樣。而且，當我聽到自己說話時，我會發現有些內容對我來說合情合理，但對於不熟悉這個主題的人來說就不一樣了。如果妳可以找個人聽你做完整場排練，那會更好。」

珍妮：「哇！這幫了我大忙，謝謝。」

你：「不客氣。我也謝謝妳坦白把話說出來，並願意接受回饋意見。妳知道的，不見得每個人都能做到這一點。」

珍妮：「謝謝你！」

請記住，這並非適用於各種情境的特定公式；但願這是一個開始。

此外，當你提出自己的顧慮時，應該給對方機會回應。請打開心胸，接受你可能錯失了某些重點，甚至你很可能導致讓人不樂見的情況。（在上述對話中，珍妮有可能反擊：「我想要練習，但是你丟給我太多額外工作，我根本沒有時間！」）不要把重點放在對方是否有錯，反而要聚焦在如何讓事情變得更圓滿。

一旦你們在關係中培養出一定的信任，該提出矯正性質的回饋意見時，你就能更直接地表達。聽取回饋的人已經把你當成是朋友，他們更有可能理解你提出的任何意見都是以他們的最佳利益為考量。對這些人說話時，你可以簡單地問：「你是否願意聽一些有建設性的回饋意見？」然後，簡短明確把話說完。

最後，請別忘了：如果你看到對方有所進步，一定要說出來，這會強化正面行為。

我從我自己的幾任前主管身上學到很多和正面回饋力量有關的事。馬可（Marc）本性善良，又有深厚的幽默感，他通常都看事情的正面，去找值得讚美的地方。

但是，當我們搞砸時，他會毫不遲疑讓我們知道，有時候他會說「我們去散個步」，有時候則比較像被叫進訓導處的感覺。但我總是感覺到馬可很在乎。他希望整個部門成功，他也希望我成功。多年後，當我和幾個老同事聊起來時，我們都有同感。

學會提供好的回饋意見（好壞都包括在內），完全改變你對他人能發揮的影響力。你不會是不「了」員工的無知主管，也不是難以取悅的配偶或父母，反之，你是照顧在你羽翼下所有人的那個人，是支持他們的人，是讓他們變得更好的人。

建立關係，一次一步（再加上一封感謝函）

在美國業界擔任高階主管的道格拉斯．科南特（Douglas Conant）二〇〇一年接下湯廚（Campbell's Soup）總裁兼執行長一職，當時他接下的是一份嚴峻的任務。「這家公司的股價正在下滑，」領導學專家兼暢銷書作家羅德格．狄恩．杜肯（Rodger Dean Duncan）在《快速發展企業》（*Fast Company*）雜誌上的一篇評論文章中提到，「以全球大型食品公司來說，湯廚表現最差。科南特的挑戰是要領導公司重返偉大。」[8]

對很多人來說，這幾乎是一項不可能的任務。科南特自己說這家公司的文化「有害」。杜肯則說，該公司的員工很喪氣，管理階層失能，信任基本上不存在。

但，科南特卻扭轉了乾坤。不到十年，這家公司便完成重大轉型，表現超過標普五百指數（S&P 500）。營收與獲利雙雙成長，員工敬業度本來在財星五百大（Fortune 500）企業裡敬陪末座，一躍成為優等生，公司也屢獲殊榮。

科南特是怎麼辦到的？

簡單來說，這位執行長把重點放在建立信任，他妥善溝通、樹立典範，真心且具體讚美員工，並履行承諾。

比方說，上任不久後，科南特就啟動一項重要做法：他在腰間配戴計步器，穿上健走鞋，盡可能和最多員工進行有益的互動。「他的目標是一天要走萬步，」杜肯說，「這些簡短的偶遇有很多好處，讓他能掌握全公司的情況，讓他能和各個層級的人親自交流，也讓員工在公司策略和方向上看到了人情味。」

科南特一天會手寫二十封短箋給員工，表揚他們的成就。「多數的企業文化在表揚貢獻這方面做得並不好，」科南特說，「因此，我發展出一套手寫便箋給員工的作法。十餘年來，我寫了超過三萬張便箋，我們的員工人數僅有兩萬人。無論我到世界哪個角落，都會有人把我手寫的便箋貼在員工隔間的告示板上。」

杜肯總結從科南特成功故事裡學到的心得：

「訊息很重要，重複很重要，釐清很重要，個人接觸也很重要……在這個資訊變形為干擾的時代，像科南特這種偉大的領導者會學著用嶄新的眼光對待日常的互動。無論有意或無心，偶然或刻意，發生在會議室還是工廠裡，每一次的互動都是好機會，讓你展現以友善態度進行變革的領導。」

還有，我們也可以補充一點：這也是讓你能以信任為基礎建立強韌關係的機會。

打造可長可久的橋梁

信任是婚姻幸福的基礎，這項隱而不見的特質，也能讓最好的團隊合作無間。有了信任，你才願意聽從髮型師或室內設計師的建議。有了信任，偉大的企業才能培養出高度的客戶忠誠度。

深刻、長期的信任，需要在情感層次和他人連上線，但這無法一蹴可幾，也不會偶然成功。當一個人能展現自己值得信任，才會得到信任。這是證明自己願意幫忙、不會造成損害的人激發出的信心：這是一種信念，相信艦長不會棄船，船員都會站在自己身邊。有時候，信任需要更多條件，有時候，想個辦法一起聚聚就夠了。

重點在於你人要在。

你履行的每個承諾，你做出的每個謙虛之舉，你說出真誠具體讚美中的每一個字，你展現同理的每一次努力，都有助於經營深刻且信任的關係，這些就好像是無數的細緻筆觸，終會構成美麗的畫作。

但，請小心：信任要花好幾年培養，摧毀卻僅在一刻之間。一個謊就會抵銷幾年的實話，一次嚴詞抨擊就可能永遠改變關係。

當然，人都會犯錯。因此，當其他人跌倒時，幫忙扶一把。如果你記住自己的失誤，你會發現，鼓勵與讚美會比鐵石心腸、駁斥詆毀容易。選擇把重點放在光明面，巧妙地分享自身的經驗或是提醒對方每個人都會有不順的時候，你不僅善用了糟糕的情境，也能贏得他人的信任，並鼓勵他們成為最好的自己。

通常，他們都非常願意投桃報李。

Chapter 8

The Dark Side

From Dr. Jekyll to Mr. Hyde

第八章

EQ 的黑暗面

致命的化身博士

為善的力量，也是為惡的力量。

——美國經濟學家米爾頓．傅利曼（Milton Friedman）

二十世紀中葉出現一波人類史上最罕見也最恐怖的發展。希特勒（Adolf Hitler）是個不善社交、棄藝從軍的士兵，在德國的政治階梯中慢慢往上爬，並不斷累積影響力。他出線成為新的獨裁者，領導德國參與二戰，之後還籌畫一場史上規模最大的種族屠殺。

希特勒如何在一個民主國家中掌權？一次大戰戰敗後的德國，陷入混亂與絕望。德國經濟搖搖欲墜，失業率也高。愛國的德國人與退伍軍人認為政治人物背棄了自己，希特勒提供了代罪羔羊：幾十萬已經融入德國社會、但大致上仍被視為外來者的猶太人。他譴責這些移民與其他邊緣族群，指他們該為德國的問題負責，並開始推出一套計畫，要帶領德國重返榮耀。

最值得注意的，是希特勒很懂得善用恐懼、憤怒與憎恨等負面情緒，利用這些來贏得大眾的支持。希特勒是一位天生的演說家，說話時帶著自信與魅力，他會謹慎地排練演說，不僅練習說話內容，也演練臉部表情和手勢。他說動跟隨者陷入一種狂熱。隨著希特勒的演說吸引愈來愈多人，他的名聲和影響力也開始壯大。[1]

最後，希特勒設法完全掌控政府的立法與行政機構，利用這股權力取消媒體自由，消除政黨對立，並通過歧視性的法律。一九三四年，希特勒成為德國唯一領袖。

「讓人不安的是，希特勒早期的許多措施根本沒有講到大規模鎮壓這種事，」[2]亞力士．詹德勒（Alex Gendler）與安東尼．哈札德（Anthony Hazard）在《希特勒如何崛起掌權》（*How Did Hitler Rise to Power*）短片中說，「他的演說利用了人的恐懼與不滿，讓大家在背後支持他和納粹（Nazi）。在此同時，商界人士與知識分子則希望在公眾意見上站對邊，因此替希特勒背書。他們安慰自己和彼此，他的慷慨激昂只是一種表演。」

希特勒挑動、強化甚至操弄跟隨者情緒的能力，凸顯了嚴酷且重要的現實：ＥＱ也有黑暗面。

崩壞

到目前為止，我都把重點放在高ＥＱ的正面用途上，比方說幫助你管理衝突或建立深入的關係。但，重要的是，請記住，ＥＱ一如ＩＱ，並非絕對是好的；這是一種工具。

換言之，ＥＱ可以用來為善，**也可以**為惡。

你知道，ＥＱ是一種能力，能利用情緒知識為行為提供資訊以及指引，通常是為了達成某種目標。但，這些目標會因人而異，比方說，我們討論過真誠具體讚美的好處，但是，如果有人讚美對方只是為了替自己累積更大的權力，或是為可疑的志業爭取支持，那又如何呢？如果他們善用自身能力，表達（或偽裝）情緒以企圖操弄他人，那又如何？位高權重的人也可能把恐懼和壓力拿來當作威嚇戰術。

比方說，讓我們看看以下的情境：

- 某個公眾人物或名嘴刻意發表過分、煽動的言論，試著獲取媒體關注或讓人跟隨他的腳步。
- 丈夫或妻子隱藏婚外情，以便周旋在伴侶和情人之間。
- 主管或員工扭曲事實或刻意散播謠言，以得到勝過他人的心理優越感。

一群管理學教授在一篇研究報告中把這類行為比做伊阿高（Iago）；他是莎士比亞劇作《奧賽羅》（*Othello*）裡的反派人物。他們說伊阿高「此人操控他人情緒，同時妥善控制自身的情緒」，好讓他可以完全摧毀敵手。[3]

這便是ＥＱ的黑暗面：策略性地使用情緒知識以達成自身的目標，甚少或者完全不顧他人。一個聰明絕頂的人可以成為傑出的偵探或犯罪大師，同樣的，高ＥＱ的人也可以在兩種不同的路徑中選擇。

在本章中，我們要探討這個黑暗面。你會看到更多實際的範例，見識到人如何為了自身利益影響他人的情緒。你會知道，道德與不道德影響力的界線，不見得清楚明白，甚至，原本的善意也可能變成全然的操弄、不實或偽善。最後，我要說明一些特定的操弄技巧，有些人會利用這些技巧操弄情緒扯你後腿；我也會講到如果他們這麼做時你該如何保護自己。

心理變態、自戀狂和操弄者，天啊！

「心理變態」一詞可能會讓人想起連續殺人狂或大屠殺兇手的形象，但是名為心理變態（傳統上心理變態有一些特徵，包括反社會行為、傲慢、欺瞞與缺乏情緒同理）的複雜失調症實際上比多數人想像中更常見。

犯罪心理學家羅伯．海爾教授（Professor Robert Hare）大半輩子都花在研究心理變態的人與了解他們如何運作。* 在接受《電訊報》（*Telegraph*）的訪談時，海爾說心理變態是「立體的」，很多心理變態症狀多半混合在一起。「有些人在量表上符合其中一部分，分數高到應該要接受心理變態評估、但還不足以引發問題，這些人可能是我們身邊的朋友，是相處起來很愉快的人。他們偶爾會占我們的便宜，但通常都很巧妙，而且懂得把話題繞開。」[4]

海爾主張，在某些情況下，心理變態的特徵甚至是優勢。舉例來說，某些人之所以在職場上發光發熱，是因為他們擁有超凡魅力以及操弄他人的能力。有時候，某些主管還會把自己的心理變態行為歸因於領導特質。

「掌控局面、制定決策以及讓別人去做他們希望對方做的事，是典型的領導與管理特質，但也可能只是經過包裝、實際上卻是壓迫、控制與操弄。」[5] 海爾與共同作者保羅・巴比亞克（Paul Babiak）在《衣冠禽獸：心理變態在職場》（*Snakes in Suits: When Psychopaths Go to Work*）裡這麼說，「一般人可能以為施虐、欺瞞同事的行為最後終會受到懲戒與去職，但是，根據我們觀察到的案例來說，通常不是這樣。」

當然，會濫用情緒影響力以求自身利益的，不只是心理變態而已。

來看看以下範例：

・一群德國科學家發現，展現出某些自戀特質的人（特點為展現出普遍浮誇、以自我為中心和妄自尊大的模式），會利用幽默和迷人的臉部表情，在同儕心中留下更好的第一印象。[6]

・二〇一一年一項研究指出，在情緒管控知識上得分較高的「權謀之士」（指的是展現出為一己私利操弄他人傾向的人），比較可能出現乖張之舉，比方說，在職場上公開讓人難堪。[7]

・二〇一三年有一項研究發現，會利用他人以獲得自身利益的人，善於判讀人的情緒，尤其是負面情緒。[8]

* 海爾是心理變態測評量表修訂版（Psychopathy Checklist—Revised，PCL-R）的發明人，這是最常用來辨識個人身上心理變態特徵的評估法。

為了說明這類行為如何對文化造成大規模衝擊，來看看以下這家企業遭遇的麻煩；不久之前，該公司還是美國最受敬重的企業之一。

利用打擊情緒來獲利

二〇一六年九月，新聞揭發身為全球規模最大、最成功之一的富國銀行（Wells Fargo），行內員工執行各種非法業務操作，大膽地從客戶手上詐騙幾百萬，包括申請超過五十六萬五千張客戶沒有申請的信用卡，開立約三百五十萬個未授權的銀行帳戶、從中收取幾百萬美元的客戶手續費，建立詐騙電子郵件帳號、讓客戶簽署額外服務，以及在未獲得許可之下將顧客的錢在不同的帳戶之間轉來轉去。

美國消費金融保護局（Consumer Financial Protection Bureau）在收拾局面時，先對富國銀行開罰一億八千五百萬美元，該行也同意在因此而起的集體訴訟中支付約一億一千萬美元（另外還要再加上幾百萬美元的法律費用），銀行的聲譽也因此承受嚴重且長期的損害。

在現今大打割喉戰的商業氣氛中，我們很容易就能想到有些不肖員工會涉入不道德的行為，但你可能會想：超過五千名員工都參與這種大膽、廣泛的詐欺活動，是怎麼回事？一項針對該行銷售業務操作所做的獨立調查揭露了有力的結論：

「銷售業務操作出問題的根源，在於這家社區銀行的銷售文化與績效管理系統根本上很扭曲；**如果再結合激進的銷售管理，會對員工造成壓力**，讓他們去銷售客戶不想要或不需要的產品，在某些時候，甚至會去開設未經授權的帳戶。」（粗體字為我特意強調之處）。[9]

「經理在我面前大吼大叫，」二〇一三年時在休士頓任職於富國銀行、擔任有照個人銀行專員的薩賓娜·柏錢德（Sabrina Bertrand）說，「他們要妳替顧客開立兩個支票帳戶，但這些人連原本的帳戶都管理不了。管理階層施加的銷售壓力讓人受不了。」[10]

艾瑞克（Erik）任職於舊金山的富國銀行企業總部分行，他說，員工不斷承受推銷銀行產品（帳戶、信用卡、貸款）的壓力，無法達成每日責任金額的員工，會「遭到訓斥，並被告知想辦法做到就對了。」

「我多次看到同事在壓力之下崩潰，」他說，「落淚、哭泣，不斷地被拉進後方會議室，進行一對一輔導諮商。」

某位也在企業總部分行任職的員工，我們稱她莫妮卡（Monica）好了，她描述了這些讓人痛苦難耐的諮商。兩位經理帶著莫妮卡走進一間沒有窗戶的房間，然後把門關上。他們指示她在大會議桌旁坐下，給她一份「正式警告」，要求她簽名。

「如果無法達成妳的責任，妳就是沒有團隊合作精神的人。」經理說，「如果妳拖累整個團隊，妳就會被開除，而且這會變成妳永遠的污點。」莫妮卡當時僅二十出頭，她說她很害怕自己一開始就在事業生涯上踏出錯誤的步伐，尤其，當時金融風暴還未停歇。「妳就卡在這裡了，覺得其他企業也不會要妳，因為富國銀行會毀了妳。」她如是說。[11]

富國銀行發生的事，完全不同於我們通常認為適當的EQ用途。但，現實就是，該行的領導階層利用情緒操弄與欺騙（這是EQ的黑暗面）來達成目的。很難估算富國銀行要做出多少彌補賠償；[12]這場醜聞裡至少有兩名被判有過失的高階主管離職，且需要賠償千百萬美元。*

這些事件中最突出的不是不道德的行為，而是富國銀行陷入自己編織的欺騙網，以及這些作為讓這家銀行公開蒙羞。遺憾的是，有太多人每天都從事這種利用情緒賺取暴利之事，卻僥倖逃脫了。

然而，要識破情緒操弄容易嗎？

保護自己

影響情緒的企圖可以有多種形式，來看看以下的範例：

只要觀看廣告片段或走進任何店裡，你就會感受到零售商努力說服你的用心。行銷部門撒下大把銀子，每天用花言巧語和美麗畫面來轟炸你，刺激你對最新、最好產品的渴望，要讓你覺得你必須購買他們的商品，**而且就在此時此刻**。企業蒐集大量資訊，已經在追蹤你的一舉一動，讓他們可以提供個人化的廣告經驗，鼓勵你多買一點。

* 《富比士》雜誌指稱，在計入利益與總賠償之後，富國銀行前任執行長約翰．斯杜夫（John Stumpf）退休時必須退還四成他從富國銀行領到的一億七千四百萬美元，前任消費銀行主管凱莉．朵兒絲泰（Carrie Tolstedt）必須返回百分之五十四的薪酬配套；她總共支領一億兩千五百萬美元。

企業領導者常常試著借重情緒的力量以達目的。史丹佛大學教授喬安・瑪婷（Joanne Martin）與團隊進行一項情緒行為研究，他們花很多時間和跨國零售業者美體小舖（The Body Shop）的員工相處。[13] 有一次，公司創辦人兼執行長安妮塔・羅迪克（Anita Roddick）發現，一名員工在沮喪時很容易因為崩潰而哭出來。執行長認為機不可失，對員工說這「必須好好拿來利用」。在之後的會議上，羅迪克鼓勵員工疏導這股情緒，在她可能哭出來時具體指導她。

二〇一二年時，臉書進行一項為期一星期的實驗，看看用戶如何回應訊息饋送機制的改變，讓有些用戶看到比較快樂正面的內容，有些則看到比較負面的。然而，隨著實驗的細節浮出檯面，一般大眾感到憤怒，認為臉書的實驗根本就是公然地操弄人心。[14]

當然，你每天都會面對很多想要影響你行為的人，他們的作為多半比前述範例無趣許多。有時候，對方的意圖很明顯：戀愛對象無法如願以償時會惱怒，同事會發脾氣以影響主管。有時候則比較微妙，甚至可能用上我們在前幾章討論過的工作和方法。

那麼，我們就要問了：要如何有效因應他人想要影響你的企圖？

這就是你的社交認知技能發揮作用之處。比方說，你如果可以準確地認知他人管理情緒的能力，它就會變成你的防衛機制：成為一種「情緒警示系統」，警告你對方正試圖操弄你的情緒，設法讓你的行動不再契合你自己的最佳利益，或者和你的價值觀與原則相衝突。

且讓我們來探討某些人企圖操弄你情緒的不道德方法，並檢視你如何運用自己的EQ來奮戰。

恐懼

某些操弄者忙於營造或利用恐懼，試著嚇唬你好讓你有所行動。他們的行動可能會巧妙地包裝在欺騙與誇大之下，也有些就直接語帶威脅或口出惡言。

TRY THIS

努力辨識他人利用恐懼來影響你的感受與行動的情境。我們會容易害怕未知的事物，因此，請尋找真相，並考慮相反立場的意見，不要逕下判斷或做出決定。設法看清全局。如果你是受害的一方，不要獨自面對，試著向信任的人尋求協助。

我們不可能完全消除恐懼，但找出恐懼並做好心理準備便能帶給你信心。

憤怒

在第二章中，我列出某些處理負面情緒的技巧。但是，如果對方故意要激怒你，該怎麼辦？對方很可能是想要讓你出局的競爭對手，或是想引人注目及找樂子的網路酸民。

卓・布拉南博士（Dr. Drew Brannon）十餘年來為高階運動員、團隊與教練提供諮商，告訴他們在對手亂放話時怎麼面對，如何對抗競爭對手為了挑戰你的信念或腐蝕你的信心而說的話。「如果有人想要改變你的想法，」[15]布拉南對我說，「從某些方面來說你應該要對自己有信心，因為這證明了你對他們以及他們的目標來說是一大威脅。」

但是，當對方成功操弄你時就有問題了，這可能會導致你做出不理性或令你後悔莫及的決定。

TRY THIS

如何和這些人往來，常常要視情況以及你希望達到什麼目的而定。比方說，如果是競爭對手，事先思考對方試圖激怒你時你會有的反應並做好準備，將很有幫助。布拉南將這種技能稱為「綠燈」（Green Light）。「利用綠燈的概念，我教客戶先擬定計畫，事先想好該如何回應。」布拉南說，「有了這種事先設定的反應模式，你就知道當對方開始胡說八道時你會有哪些想法，可以幫助你把焦點放在手邊的任務。綠燈法會奏效，是因為當我們知道自己有能力面對挑戰時，心智能發揮最佳功能。而當挑戰時刻來臨，你只要拿出平常所受的訓練因應即可。」

你也可以用類似的做法來面對網路酸民，尤其是那些匿名者。基本上我不鼓勵和酸民或是攻擊性太強的網路人物互動，但是在某些特定情況下你可能會想這麼做。（請記住，很多酸民根本不是真人，他們可能是電腦創造出來的聊天機器人，或是受聘扮演某種角色的人，目的是要撒下不和諧的種子，影響大眾輿論。）在這些情況下，善加運用第六章列出的影響力工具（展現對於他人的興趣、以尊重的態度進行溝通、抱持著同理心提出理據），可以幫助你用最有效的方式來面對這些人。但，如果對方持續攻擊，就該置之不理，繼續前行。

亢奮

近期的諸多事件凸顯了假新聞的可怕，它可以用前所未見的速度傳散開來。謠言與錯誤的資訊永遠是個問題，但現代科技更加提升了造假的能力，可以用更快的速度傳播給更多人。

當人們讀到一篇報導或觀賞一段影片、增強了自身的強烈情緒之後，他們通常會透過社交媒體或其他管道分享。愈多人分享，故事就愈可信。此外，還要思考的是媒體生態的快速演變，有許多發布者都接受點擊付費廣告的資金贊助。一篇文章的讀者愈多，代表的是顧客（以及營收）愈多，也因此催生出聳動且偏頗的報導。

這樣的結果是，營造出愈來愈多人想要操弄他人情緒的環境。個人或特殊利益團體常常助長虛假或偏頗的說法，以散播他們個人的意識形態或獲取經濟利益。

TRY THIS

不要馬上相信或分享故事、畫面或影片，先想想以下這幾點：

一、來源是什麼？

如果來源匿名，就很難判斷眼前資訊的真實性。具名提供且可以追溯的資訊，多半比較可信。

「在此同時，也要小心有很多機構盲目引用其他機構的資訊，沒有認真追究來源。」[16]《紐約時報》數位營運助理執行編輯印恩・費雪（Ian Fisher）說，「這麼做他們不用承擔太大風險，他們永遠可以說：『喔，問題在他們，不是我們。』」

二、脈絡是什麼？

就算你讀到的是當事人的話，或者看到（或聽到）一個人說話或採取行動，如果不知道事情的脈絡，便很難理解當時的情境。此人要推導的整體觀點是什麼？有哪些情有可原的條件可能導引出你看到或聽到的內容？這些問題或可幫助你在下評論之前更清楚理解情境。

三、有多聳動？

如果故事看來不可信，很可能就不是真的。＊

此外，很重要的是，要根據任何第三方的報導來估算偏頗程度。內容敘述是否只代表了某一方的片面之詞？報導者是否極力讚美或詆毀他人？如果報導傳播開來，誰會從中得利？來源是否有其他別有用心的動機？

四、其他來源如何報導同一件事？

「如果新聞機構說『我們可以確認發生了這件事和那件事』，請注意其他消息來源怎麼說。」[17]美國國家公共電台（NPR）數位平台資深策略師安迪．卡文（Andy Carvin）說，「因為，理想上，你可以用三角定位的方式鎖定單項資訊，獲得某些事實。愈少單位能夠宣稱他們真的確認發生了某些事，你就愈應該小心。」

*

二〇一七年，《衛報》（*Guardian*）的報導提到「由於人工智慧與電腦繪圖的進步，催生出一種新型的影音操控工具」，這可以在欺騙的基礎上創作出擬真的影片。比方說，史丹佛大學開發出來的軟體被用來操弄公眾人物拍攝的影片。這套軟體可以在另一個人說話時捕捉他們的臉部表情、攝入網路攝影機裡，然後修改這些動作，直接套入原始影片中公眾人物的臉上。之後，利用這套軟體中的另一項功能，團隊可以擷取某人三到五分鐘的聲音檔（比方說，從YouTube影片中擷取），然後創造出非常相近的聲音檔，甚至可以騙過某些銀行與智慧型手機使用的生物科技保全系統。目的是，替這些公眾人物拍影片，讓他們說出他們在現實中從沒說過的話。[18]

五、我真的需要分享出去嗎？

請記住你已經學到的工具，包括暫停以及善用以下的問題：這話有需要說出口嗎？這話需要由我來說嗎？這話需要由我現在來說嗎？

只要花點時間，或許能預防你把假消息散播出去，免得你事後需要追回或刪除。

混淆

偶爾，人會想要利用混淆你來得到利益。有很多種方法都能辦到，比方說，他們會加快說話速度、使用你不熟悉的詞彙，或是不斷否定你確定為真的事。

TRY THIS

如果你不清楚某件事，請對方放慢說話速度或重複說過的話。之後，繼續提問，直到你明白為止。你可以用自己的話重複對方的要點，或是要他們舉出範例；這樣可以讓你重新掌控對話。最後，不要害怕向你信任的人尋求第二與第三方意見。

互相

簡單來說，互相說的是人有禮尚往來的本能。如果有人送我們一份禮物或給我們一些恩惠，我們會覺得有義務以禮相待。

但，就像心理學教授羅伯特·席爾迪尼（Robert Cialdini）在他的經典暢銷書《影響力》（*Influence*）指出的，問題是，有些人會利用「人要互相」的規則來操弄別人。[19]「由於人大致上討厭只問收穫、不願付出努力的人，我們常常會想盡辦法，讓自己在他人眼中不要變成這種人。」他說，「我們常常會因為這些付出而心力交瘁，而且，在過程中，還會被想要從我們的相互義務中獲益的人『掌控』。」

比方說，某人可能對你施以小惠，同時要求你付出更大的回報。或者，他們可能不斷給你昂貴的禮物或過多的讚美，唯一的理由就是要巴結你或控制你。

TRY THIS

要小心贈禮或施惠於你的對象，以及那些唯有在你身上能得到回報時才付出的人。你的目標不是拒絕或是懷疑所有恩惠，這樣一來，會奪走你獲得他人善意或協助的機會。反之，你要考量你和施惠者之間的關係，以及他們可能的動機。

此外，你要訓練自己，辨識他人是否在利用「人要互相」的原則，這會讓你培養出必要的情緒強韌度，避免被玩弄。

社會認同與同儕壓力

當一個人不確定時，會先觀察多數人的意見，做為自己決定時的參考依據。像這樣的從眾性（又稱為社會認同）是有好處的，因為這可以防止我們做出偏差或出格的行為。

但，偶爾，個人或群體會利用社會認同來施壓，要你去做違反自身價值觀或原則的事。

比方說，常有職業運動員說服隊友服用可增強表現的藥物，因為「大家都在用」。

TRY THIS

如果你一直花時間重新檢視與省思自己的價值觀，就能培養出堅守價值觀的信念，就算面對他人的壓力也不會動搖。此外，利用第二章討論過的技巧（比方說暫停與快轉），可以幫助你徹底思考自己的決策，而不是盲目地遵從群眾的意見。

被動攻擊行為

被動攻擊行為，指的是以不確定或「被動」方式去展現負面感受、憎恨與攻擊，特點可能是以拖延的方式長期抗戰、避免情緒性的字眼，或者巧妙地利用言語或行動表達不悅。

包括以下的行動：

・拒絕承認自己其實在生氣。
・惱怒。
・冷戰。
・嘴上妥協以安撫他人，但是並沒有實際行動（或是不斷拖拖拉拉，以表達想要擺脫某項任務的企圖）。
・刻意用低於預期水準的方式執行某項任務。
・宣告自己無知。
・背後抱怨。
・以挖苦諷刺的方式回應。

經常採取被動攻擊的人，很多都沒有意識到自己的行為，但是別人也不會因此較能忍受他們。

TRY THIS

《憤怒笑容》（*The Angry Smile*）的共同作者席格妮・惠森（Signe Whitson）建議，若要真正處理被動攻擊，唯一的辦法就是面對：[20]

「重點不在於採用權威主義戰術去咄咄逼人、激怒對方、逼他們承認自己做了什麼事，而是用一種安靜、反省的口語調解技巧，溫和但公開地分享自己對於對方的行為以及未表現出來的憤怒有何想法。」

要做到這一點，務必要明確傳達你自身的感受與期待。如果你有猜到對方的攻擊行為有其特殊理由，可以明確提問是否因為某個原因讓對方不安。如果他們否認，請認定對方說的是真的，但是溫和地試著繼續討論。並為了你曾經做過、可能傷害對方感受的行為主動道歉，問問看你能做什麼讓情況好轉。

一旦找出問題，請同心協力達成讓兩方未來都能滿意的協議。

以愛為名的轟炸

「以愛為名的轟炸，是展現過度的關心和愛意，試圖以此影響另一方。」[21]精神病學家戴爾．阿齊（Dale Archer）如是說。他解釋，在健全的關係中，會時不時展現愛意，而且行動會和言語一致，但以愛為名的轟炸卻不同，後者通常涉及「關注面突然轉變，從充滿關懷與愛轉為控制與憤怒，咄咄逼人的這一方往往會提出不合理的要求。」

阿齊和其他專業醫療人士認為以愛為名的轟炸是一種武器，一種心理上的操弄，用來維持關係裡的權力與控制力。皮條客和幫派老大利用這一點來促使追隨者的忠誠和服從，邪教領袖拿來壓制信徒，讓他們集體自殺。也有不少人會以愛為名虐待伴侶。

你要如何對抗以 EQ 為武器的惡人？
——努力提高你自己的 EQ。

TRY THIS

請牢記，要在人際關係中培養出信任必須付出時間，要小心那些不斷想打擊你自我的人、施加壓力把關係推入你還沒有準備好邁進的階段的人、很快展現溫情又隨即大發脾氣的人，或是當他們無法隨心所欲便找尋其他方法「懲罰」你的人。

如果一段關係進展太快，不要怕你要採取行動讓情況慢下來，也不要怕在適當時必須拒絕。如果你覺得你已經深陷不健全或受虐的關係中，請和你信任的親友談談，或尋求專業協助。

當然，上述只是幾種情緒操控手段的範例而已，還有其他千奇百種。你如何保護自己，免受類似的手法所害？

記住，知識就是力量。你要了解各種他人可能利用情緒來傷害你的方法，目標是要培養出自我覺察與社交認知。之後，善用你在本書學到的各種技巧，努力在你的本能情緒反應與穩健的說理與理性思考之間取得平衡。

勇氣與韌性如何創造出轉捩點

我們最近見證了ＥＱ的正反兩面在現實生活裡的相互對抗，有一群勇敢的女性（和某些男性）挺身而出，說出職場性騷擾與性侵害。

這項大規模的算帳行動，靈感來自於《紐約時報》的一篇文章，報導針對好萊塢知名製片哈維．溫斯坦（Harvey Weinstein）提出的多項性侵害指控。許多女性宣稱溫斯坦運用他在電影業的權力與影響力，壓迫他們提供性服務。[22]

接下來幾個星期，女性遭受不當行為對待的各種控訴四起，從威嚇到騷擾甚至攻擊，無所不包。由於這些控訴排山倒海而來，導致各產業幾十名有權有勢的男性不是辭職就是被開除，最後引發所謂的「溫斯坦效應」（Weinstein effect）。

最後的結果，是匯聚出一個真正的分水嶺時刻。幾百萬人使用社交媒體上的標籤「#MeToo」，在這場對話中發出自己的聲音；[23]提出這個詞彙的，是一位女性主義倡議者塔拉納．伯克（Tarana Burke），並在演員艾莉莎．米蘭諾（Alyssa Milano）的推動之下風行起來。

難以計數的受害者受到啟發而站出來，分享自身的受虐經歷，迫使本來難以言說的問題曝了光。各處的朋友、家人與同事開始討論這個問題、原因以及如何防範。

但，為何是這個時候才出現？為何在沉寂這麼多年之後，這個可怕的問題忽然之間得到了大量的關注？很難說，但看起來是歷史的發展導引出了這個時刻。

多年來，很多這樣的女性怯於說出自身經歷，背後的原因很多：擔心不被認真對待（或不被相信）、擔心受到羞辱或嘲弄、擔心被報復，擔心這個時刻（這個被強加在他們身上的時刻）最後決定了他們的人生。

然而，過去幾十年來，已經有更多女性說出自己和性侵對抗的經歷。回過頭來，這些女性又鼓舞了其他人，站出來分享更多故事。這些對話累積出動能，讓許多受害者明白，他們並不孤獨，他們不是少數。

當這些聲音聚在一起之後，就更響亮了，終於形成一條縫隙，讓水壩爆破。

作家蘇菲．吉伯特（Sophie Gilbert）在她為《大西洋》（*Atlantic*）雜誌撰寫的一篇文章裡鏗鏘有力地寫道：

「要對抗層出不窮的的性侵事件，我們還有很多事要做；身處性侵處境的女性遭到鄙視、傷害、虐待，有時候甚至完全被逼出所屬的產業。然而，敢於揭露這個問題牽連的範圍甚大，這本身就是一項革命性的行動。」[24]

對抗權力

在某個時刻，有些人會試圖利用ＥＱ的黑暗面來求得個人利益，有些人是蓄意謀畫、特意操弄，有些人則相信自己不過是為了達成某個目的罷了。不管是哪一種，你都要記住：你掌控著你自己的情緒反應。

憤怒與恐懼等情緒可能造成嚴重傷害，如果你在釐清事實前就急著做出判斷時尤其如此。一旦你對於自己的信念有了情緒上的牽扯，就難以保持客觀。也因此，你必須善用自己的思考能力，加上你的情緒管理能力，確認你的信念是以事實為基礎。

我要說清楚的是，我的目標不是鼓勵沒有理由的懷疑，或是描繪出一副你要和全世界對立的樣子，我想建議你必要時小心謹慎，甚至心存懷疑。不用把每一次和他人的交流都想成是一場必有勝負的賽局，而是當作學習的機會：是增進自身ＥＱ的契機。當你發現對方能喚起你心中的強烈情緒時，請認可這股力量，但，請努力維持你的語言與行動平衡。一旦你自身的感覺平靜下來，請重新檢視「什麼」以及「為何」：是什麼因素（哪些語言和行動）激起你的情緒？他們為何這麼做？這些施展影響者真正的目的和欲望是什麼？

因為他人而被說服、激發或受到影響，可以是好事，前提是導引出的行為契合你的價值觀。如果不是，或你發現自己被愚弄或成為受害者，請努力了解你在哪裡做錯了，以及要如何避免重蹈覆轍。多加練習，你就能持續培養自我覺察與社交認知，將更能掌控自己的想法與行動。這麼做能幫助你不再成為自身感覺的奴隸，就算技巧高超的操弄者努力想要剝削你，也奈何不了你。

最重要的是，請記住：要保護自己、避免因為別人濫用 EQ 而受害，最好的辦法就是努力提升自己的 EQ。

但，這句話也附帶著警訊：當你管理與影響情緒的能力愈來愈強，這股能力也會成為權力的來源，而權力會讓人腐化。我們也見識過，世界上最惡名昭彰的人物具備高 EQ，至少擁有其中的某些特質。激發他們磨練出這些技能的動力是自利嗎？還是說，他們具備的情緒能力助長了他們的自利？想要影響他人情緒的意圖，在什麼時候會變成不道德的行動？

思考這些問題，提醒了我們 EQ 不過是整幅拼圖中的一小塊。

請努力琢磨你的 EQ 並付諸實行，但不要犧牲你自身的原則，反之，請善用你的道德感指引你的所作所為，讓道德和價值觀牽引你的發展。

這些都要盡力去實踐，但願你可以免於淪為黑暗面的受害者。

Chapter 9

Moving Forward

Embracing the Emotional Journey

第九章

繼續前行

擁抱情緒之旅

你的美麗是來自於你讓自己感受到美麗，而這確實是勇敢之舉。

*——韓裔美國詩人文欣姬（**Shinji Moon**）*

在這整本書中，我努力說明為何 EQ 如此重要，並傳授具體的方法幫助你提升自己的 EQ。你也看到了，雖然了解情緒以及情緒的運作很重要，但更重要的是能夠善用這些知識有效達成目的。

你已經知道，花時間提出適當的問題（包括自問以及詢問他人）有助於培養自我覺察與社交意識，學會控制想法能幫助你更有效地管理自身情緒。你不僅已經了解什麼叫情緒綁架，更知道如何逃脫，也懂得為何應該把幾乎所有的回饋意見都當成寶（因為這給你學習與改進的機會）。但願，你已經掌握實用的知識，未來能為你的 EQ 發展策略提供相關資訊。舉例來說，設法用健康的習慣取代不良習性，你可以在事前主動形塑長期的情緒反應，也就是重新設定你的大腦。還有，透過展現真實真確、謙遜與尊重等特質，激發他人也起而效尤。別忘了高 EQ 同理心的價值：這種同理可以培養出默契，幫你一把，讓你可以和他人建立關係、又不會導致情緒疲乏。

展望未來，我鼓勵你在日常生活中尋找各種 EQ 自然而然體現的面貌。可能是透過你最喜歡的咖啡師，他的笑容與對話技巧讓你擁有好心情。或者，也可能出現在某個朋友、家人或同事身上，對方永遠準備好帶著同理心傾聽你的話。

你或許會看到某個孩子展現了高ＥＱ的行動；我自己便曾經有過這樣的經驗。有一次，我兒子注意到我有點怪怪的，坐在旁邊的他把一隻手放在我肩上，直直看著我的眼睛，然後說：「我愛你，爸。」簡簡單單四個字，但是力道強大到足以瞬間改變我的心情。

但，你也知道，他人實際展現高ＥＱ的行動不必然就能為你帶來溫暖愉悅的感受，有可能令人非常不快：同事可能會操弄你以達自己的目的，網路酸民可能會試著激怒你。發生這種事時，請記得應用你所學。

隨著你繼續這趟情緒之旅，你會發現，許多時候，人的情緒是互相矛盾的。每個人都曾經歷愛與恨、痛苦與悲傷、勇敢與恐懼，這種共同的立場應能將每個人緊緊繫在一起，但是，這些情緒也常常製造衝突，讓我們最終分道揚鑣。然而，如果要說這麼多年來我學到了什麼，那就是：每個人的相似性要大過差異性。差異的存在只是讓我們有機會學習。

就以我的朋友吉兒（Jill）為例，大家都知道她很容易禍從口出，有時候會因此留下糟糕的第一印象或者有些偏見。吉兒通常沒有發現她說的話對他人有何影響，缺乏社交認知有時候確實對她造成傷害。

然而，吉兒這種衝動型的溝通風格也是一種長處。如果有什麼難以說出口的話，吉兒絕對毫不遲疑，比方說，她會告訴對方，如果需要的話可以去含一點薄荷錠。她也不怕流露真情，這一點造成了很有趣的結果：其他人會受到她的吸引。很多人欣賞吉兒的真實真確，因為她在表達時通常都抱持著善意。他們覺得和她在一起很自在，知道自己可以放下防衛，因為她也是這樣對待他們的。長期下來，我發現這些特質讓吉兒具備一種非凡的能力，讓她可以用少有人能做到的方法接觸到別人，還有一股力量能激勵與影響他人。幾乎所有認識她的人都喜歡她，也樂於以她為榜樣。

我是一個天生就很不善於面對衝突的人，我從吉兒身上學到很多。她教會我為了更大的利益把話說出來有其價值，就算這麼做一開始會讓其他人不舒服也沒關係。雖然我仍讚揚審慎溝通的益處，但吉兒教會我不要過度思考自己的語言和行動。

這是你必須謹記在心的一課：ＥＱ有很多種不同的包裝、型態和規模，有男女之別、安靜與大聲之別、急躁與溫吞之別、領導者與跟從者之別。

當你認知到自身的情緒傾向與缺點，請努力向那些和你擁有不同特質的人學習。因為，很多時候，這些是能教你最多的人。

結語

基本上，情緒影響人生中的一切，決定我們能不能好好看場電影、聽首曲子或欣賞一件藝術作品。情緒幫助我們決定要走哪一條事業發展路線、要應徵哪一個職務，影響我們要住在哪裡、住多久的決定，也幫助我們決定選擇和誰共度美好時光、和誰約會、和誰墜入愛河、和誰共結連理，以及要把誰拋下。情緒可以讓我們迅速做出決定、隨後的結果卻伴隨我們一生。偶爾，情緒會讓我們覺得自己陷在黑洞裡，無路可逃，但是在其他人的眼裡，這都是我們咎由自取。然而，情緒也可以成為隧道末端的燈光，讓你比較能忍受最陰暗的情境。

情緒決定我們如何選擇領導者以及領導者如何選擇我們；就是他們發動每一場要打的仗，以及每一份簽下的和平條約。

正因為這種種理由，ＥＱ才這麼重要。

請記住，ＥＱ不是去理解你所有的感受，也不是去剖析每一次發生的事件，反之，這是一種能力，讓你在有益時可以繼續探究、進一步理解，無益時享受當下。

ＥＱ沒有終生有效的證書。不練習的音樂家很快就會生疏，同樣的，忽略自省與接受他人觀點等技能，長期下來會讓你失去能力。當你覺得自己「嫻熟於」ＥＱ的某些面向時，通常也是你犯下最嚴重錯誤之時。然而，你如何因應這些錯誤，將會決定你的ＥＱ實際上有多高。這些時候，反省與演練會給你帶來耳目一新的變化，這些「天啟」時刻也會讓你變得更好，前提是你要容許自己改變。

當你有這些經驗時，請和我分享，本書後方有聯絡資訊可供參考。畢竟，我們都還在學習，也要持續向彼此學習。

請繼續學習。持續努力善用情緒的強大力量，你就不會成為自身感受的奴隸。請以讓自己變得更好為目標，追求知識並學習理解。利用這些知識保護自己，不要被想要占你便宜的人以及你自身的感受所傷。

最重要的是，請記住，情緒很美好，有了情緒，才讓我們像個人。

享受情緒，愛上情緒，擁抱情緒。

但千萬別低估情緒的力量以及情緒造成傷害的潛力。

學會與這些基本的事實和平共處，你必能讓情緒助你一臂之力，不會反過來扯你後腿。

Appendix

The Ten Commandments of Emotional Intelligence

附錄

EQ 十誡

一、汝要思考汝之感受。

EQ始於學習問對問題，比方說以下：

・我在情緒上的優點是什麼？缺點是什麼？

・我如何描述自己的溝通風格？他人是如何看待？

・我當下的心情如何影響我的想法與決策？

・在何種情況下我會發現情緒在扯我後腿？

思考這些問題，能幫助你培養自我覺察，為你帶來能成為優勢的寶貴洞見。

二、汝要從他人的觀點來學習。

傾聽對方說話時，重點不要放在對錯，而是要努力理解觀點上的差異以及理由是什麼。

這也包括學習接受負面回饋意見；負面意見可以凸顯出你的盲點，讓你提升自我。

三、汝要學習暫停。

暫停很簡單，在你有所行動或要把話說出口之前花一分鐘先停下來，想一想。請注意：

暫停理論上很簡單，執行起來很困難。不要期待完美，持續練習，暫停可以預防你陷入難堪，也可以拯救無數的關係。

四、汝要演練同理。

不要批判他人或貼標籤，而是要努力透過他人的眼光看待事物。傾聽時以理解對方與對方的觀點為目標，就算你不認同也沒關係。請自問：**對方為什麼會有這種感覺？表面下發生了什麼事**？

同理有助於提升你影響他人的能力，讓你能建立更深刻、連結更強的關係。

五、汝要讚美他人。

人都渴求真心的讚美與認同。當你稱讚別人時，就滿足了這股欲望，並在過程中培養出信任。

請記住，每個人都有值得讚揚之處。把目光放在他人的優點上，具體對他們說出你欣賞的是哪些部分，將能激勵對方成就最好的自我。

六、汝要道歉。

「對不起」可能是最難說出口的三個字，但同樣也是最有力量的三個字。體認自己的錯並適時地道歉，就能培養出謙遜、真實真確等特質，自然能吸引到更多人。

七、汝要寬恕。

拒絕寬恕就像重新劃開傷口，不讓自己有機會癒合。當冒犯你的一方繼續過他們的人生，你不要仍忿忿不平，寬恕是為了讓你自己有機會繼續前行。

八、汝要真實真確。

真實真確的人會和別人分享自己真正的想法與感受。他們知道不見得每個人都認同，也知道不認同也沒關係。他們亦理解自己並不完美，但還是願意展現出這些缺點，因為他們知道每個人都會有。

真實真確不代表你要隨時隨地和每個人分享關於自己的一切，但這確實意味著你必須言行合一，並堅守你的價值觀和原則。

九、汝要控制想法。

面對負面情境時，你或許不太能控制你的感覺，但，專注在你的思維上，就能控制自己如何回應這些感覺。

當你把重心放在思維上，就不會成為情緒的奴隸。請承認這些感受，之後以契合自身目標及價值觀的態度繼續前行。

十、汝要不斷學習。

EQ的重點不在追求完美或達到某個水準。當你覺得自己「嫻熟於」EQ的某些面向時，通常也是你犯下最嚴重錯誤之時。然而，你如何因應這些錯誤，將會決定你的EQ實際上有多高。絕對不要低估情緒為善的力量以及為惡的潛能，永遠要努力讓情緒助你一臂之力，不要扯你的後腿。

致謝——Acknowledgments

回顧過去，我向來都認為情緒是一個很迷人的主題。起初是我的父母，他們是兩個極端。我跟我媽很像，她是一個很快就能表達出情緒的人。她愛笑，也不斷尋找歡笑的機會。她也很容易因感動而落淚。她將這種快速且深刻感受的能力傳給了我，塑造出我今天的模樣。我媽教給我無數的心得教訓，比方說同理的價值，讓我永遠心懷感激。

我爸則大不相同；他的成功來自於控制感覺，從他喚起他人情緒的方法當中可見一斑：他是一個出色的說書人，每一個字都扣人心弦，永遠都在（慢慢地）營造出真相大白的那一刻。但是，這種想要控制的欲望讓他隱藏起某些情緒，免得讓他看起來很軟弱。（時至今日，我都沒看過他掉一滴淚。）透過我爸，我學到雖然身為凡人的我們都有同樣的情緒，但是不同的人各有不同的表達方式，天差地遠。

我姊是強悍又美麗的女子，她直接面對艱困的挑戰，毫不畏懼正面交鋒，並拒絕放棄，從中培養出韌性。她也教我要這麼做。我認為，她的自信非常激勵人心。

我弟聰明又謙虛，有能力用我做不到的方式表達情緒。我們有很獨特的連結，而且，雖然他比我小了十幾歲，我還是持續從他身上學到不少東西。從很多方面來說，我希望我能更像他一點。

我的岳父是我所見最溫暖、最殷勤、最親愛、最努力工作的人之一，和他的妻子很像。我永遠都會感激他們接納我進入這個美好的家庭；我非常希望能與姆媽再度相會。我的姻親亞當和艾拉不只是家人，更是朋友。當我身在新的國家、面對新的語言、新的食物、新的文化，是他們讓我覺得賓至如歸。有很多老師滋養出我對於寫作的愛，最重要的是珍．葛拉瑟（Jane Glasser）老師，她是我高三時文學分析課的老師。葛拉瑟老師鼓勵我寫作，不僅為自己而寫，也為別人而寫。

一九九八年，我應邀前往紐約任職於耶和華見證人（Jehovah's Witnesses）的全球總部伯特利（Bethel），接下來的十三年都在這裡度過，也在這裡遇見了很多出色的名師，如Marc 和 Jess Portillo、Kevin Wier、Mark Flore、Max Larson、John Larson、John Foster、Andres Reinoso、Alex Gonzales、Duane Svenson、Jon 和 Janet Sharpe、Alan 和 Joan Janzen、Ty 和 Rebecca Fulton、Diane Khanna、Tony Perez、Tony Griffin、Mark Mattson、Chuck Woody、Doug Chappel、

Virgil Card、Thomas Jefferson 等人。他們教會我領導與職位無關，重點是行動。他們也讓我看到最出色的經理人永遠把人放在第一位。這是非常了不起的教育與經驗，拿什麼跟我換我都不換。Fausto 和 Vera Hidalgo、Roel 和 Sheryl Tuzon、Priest Price、Sandra 和 Orvil Hinojos、Jesse 和 Liz Hoefle 以及他們一家人、溫涂瑞納一家（Venturina family）、費古瑞斯一家（Figueras family）、佛瑞斯一家（he Flores family）、勒希克一家（Lemsic family）、卡洛斯一家（Carlos family）、米斯茲森克一家（Myszczenko family）、阿薩瑞一家（Asare family）和洛馬諾一家（Romano family）都給了我自家以外的另一個家，以及更多我無以回報的一切。他們每一位在我心中都有一個特殊的位置。

利薩爾女士（Ms. Lisle）、Belen del Valle、曼恩一家（Mann family）、Anita Beyer 與 Kris Sistrunk 都幫過我，讓我在德國有個好的開始，並教會我如何在歐洲經營事業。

LinkedIn 的撰寫與編輯團隊，包括 Daniel Roth、Isabelle Roughol、Chip Cutter、John C. Abell、Amy Chen、Laura Lorenzetti Soper 和 Katie Carroll，為我提供一個分享想法與概念的平台，給了我之前連想都不敢想的機會。

Jeff Haden 一路提攜我、教導我，讓身為作者的我創造出超過我所能想像的成就；他沒什麼理由要這樣做，唯一的原因就是他是一個真正的好人。Laura Lorber 冒了風險採用一名未經考驗的作者，讓我在 Inc. 雜誌網站上撰寫專欄，之後又幫助身為作家的我快速成長。

丹尼爾・高曼、卡蘿・杜維克、豪爾・嘉德納、布芮尼・布朗（Brené Brown）、薩蒂亞・納德拉（Satya Nadella）、豪爾・舒茲（Howard Schultz）、薩利伯格機長、羅伯特・席爾迪尼、雪柔・桑德伯格、賽門・西奈克（Simon Sinek）、蒂芬妮・瓦特・史密斯（Tiffany Watt Smith）、湯姆・彼得斯（Tom Peters）、理查・大衛森（Richard Davidson）、崔維斯・布拉伯瑞（Travis Bradberry）、珍・葛拉芙斯（Jean Graves）、雪倫・貝格麗（Sharon Begley）、丹・艾瑞利、丹尼爾・康納曼（Daniel Kahneman）、維克・鄭（Victor Cheng）、約瑟夫・雷杜克斯（Joseph LeDoux）和蘇珊・大衛（Susan David）都分享了關於情緒、心智、管理理論與實務方面的洞見，為我的研究奠下經得起考驗的基礎。

亨德利・懷辛格（又稱漢克博士）、亞當・格蘭特、克里斯・佛斯、安蒂・康寧罕、卓・布拉南、洛倫佐・狄亞茲－馬塔克斯（Lorenzo Diaz-Mataix）和茱莉亞・克麗絲婷娜（Julia Kristina）均慷慨撥冗，透過個人對話與訪談和我分享他們的知識、智慧與經驗。此外，布萊恩・布蘭特（Brian Brandt）、崔特・薩布瑞德（Trent Selbrede）和克莉絲汀・雪瑞（Kristin

Sherry）都幫助我琢磨與釐清自己的概念。

凱文．克魯瑟（Kevin Kruse）和莎莉．霍格茲海德（Sally Hogshead）大方和我分享寫作與出版的寶貴經驗。

第二頁（Page Two）公司的整個團隊極為重要，幫助我撰寫與製作出本書。Jesse Finkelstein 給了我一份大禮：為我提供本書可以（與應該）要有的視野。Gabi Narsted 在協調團隊行動與讓我們趕上進度這方面的表現可圈可點。我的編輯 Amanda Lewis 完全符合我的願望，他幫助我強化本書的優點，大幅改善缺點，並透過讀者的眼光來閱讀我的文字，同時一路上還為我加油打氣。May Antak 和 Jenny Govier 幫助我更精雕細琢並加以釐清，讓書中的文字真正寫出了我心裡想說的話。

Peter Cocking、Taysia Louie 和 Aksara Mantra 對本書的美麗設計迭有貢獻，內外皆美。對此我感激萬分，因為我們都知道讀者在判斷一本書時確實會看封面……也會看裡面的設計。

Ivette K. Caballero 集聰明、經驗與奔忙於一身，獨特的組合讓她成為領導本書行銷操作的絕佳人選。Michelle Alwine 是出色的溝通者，我很榮幸能與她共事。齊心合作之下，他們把這本書送到更多讀者手裡，絕對超過我靠自己能做到的成績。

我也要特別感謝 LeRon Pinder、Ruth Flores、Francis Bonilla、Myron Loggins、Chris 和 Sugeiri Brown、Masai Collins、Joe 和 April Paglia、Craig Martin、Dan 和 Priscilla Pecsok、Skip 和 Gege Koehler、Ralph 和 Sasha Mejia、Ernie 和 Diana Reed、Chris Boyce、Sherman Butts、Kevin Clanton、David 和 Arnie Locquiao、Curtis 和 Marlene Walters、Quirin 和 Jemima Gumadlas、馬賽羅一家（Marcelo family,）、潘納一家（Peña family）、波瑟馬一家（Porcema family）、荷西一家（Jose family）、Stefan 和 Cherry Sanidad、Phil 和 Irish Santiago、Kevin 和 Mayleen Smith、Ronnel Tuazon、Chelsea 和 Joshua Pulcifer、Tim 和 Monica Purscell、James Flood、Pete 和 Rebecca Schmeichel、Jim 和 Christa Birner、Jogesh Khana、Eric 和 Loida Lundy、Derrel Jones、Giraud Jackson、Jeremy 和 Zuleka Murrie、Eddie Castillo、Lena Johnson、Franklin 和 Rita Saucedo、Michael 和 Rebecca Gietler、Phil 和 Michelle Geringer、Gerry 和 Amy Navarro、Tim 和 Pam Zalesky、Joe Lueken、Aquil Khan、Glenn Balmes、Connie 和 Jonathan Lei、Genelle Morrison、Johnathan 和 Maureen Dimalanta、Melvin Dimalanta、Erick 和 Erica Calunsag、Rodge Jansuy、Mitch 和 Bridgeta Lipayon、Eric Islas、Randy 和 Johanna Rosabal、Omar Morales、Noe Luna、Joe 和 Barbara Lynch、Patrick 和 Rachel Swann、Mark 和 Linda Sprankle、瓦達拉一家（Vadala family）、Don 和 Andria Benjamin、瑞佛拉一家（Rivera family）、Spencer 和 Rachel Wetten、Micah 和 Ashlie Helie、波依一家（Boie family）、Anne Brackett、Sia Stephanos、Sally Thornton、Mike 和 Jennifer Reis、Dawn 和 Todd Meyer、Zoe 和 Bill Conger、瓦洛一家（Wardlow family）、Gary 和 Linda Gorum、羅伯森一家（Robertson family）、康鮑一家（Campau family）、勒羅一家（Lello family）、Michael 和 Theresa O'Neill、Isabel 和 Ray Perez、馬特森一家（Mattson family）、Jocelyn 和 Darius Whitten、Beverly Stephens、Lemar 和 Rabiha Garnett、艾爾－夏菲一家（Al-Shaffi family）、Matthias 和 Avelina Eichler、Ben 和 Monika Jenkins、Manuel 和 Hana Krause、Stefan Steiner、Jeremy Borkovic、Hannelore 和 Peter Mitrega、Harald 和 Sybille Beinczyk、Pieter 和 Karen Vousden、Rainald 和 Ruth Kahle、Niki 和 Nikita Karlstroem、Daniel 和 Dolores Hahn、Solano 和 Cyndi Williams、Virgil 和 Deidre Card、Dan 和 Katie Houghton、Alex 和 Tabitha Scholz、奎希拉格一家（Quohilag family）、Fernand 和 Jill Oundjian、Olga 和 Adam Grzelczyk、Magda 和 Rafal Szjabel、Lidia Mikunda、Agnieszka Zachariasz、Nella 和 Olli Schueller、Ernst 和 Jessica Schneidereit、Russ 和 Arianne Miller、Tim Kouloumpas、Michael Reinmueller、Alex Reinmueller、Mark Noumair、Guy Pierce、Gerritt Lösch、Bobby 和 Galina Rivera、Kris 和 Doro

Sistrunk、Falko 和 Dani Burkmann、Moritz 和 Vroni Strauss、Loren 和 Elsbeth Klawa、薩卡里亞迪斯一家（Zachariadis family）、歐哈納－克朗一家（Ohene-Korang family）、歐東納茲一家（Ordonez family）、Bernd 和 Inge Wrobel、Silas 和 Melanie Burgfeld、許維克一家（Schwicker family）、伍德瑞古一家（Ouedraogo family）、薛莫一家（Schoemer family）、Vasilis 和 Veronika Chantzaras、Sonja 和 Uwe Herrmann、Elsbeth 和 Lorén Klawa、拉提莫一家（Latimer family）、Daniel 和 Rachel Pilley、羅森齊維格一家（Rosenzweig family）、Nora Smith、Virginia 和 Anais Chan、Daniel Wirthmueller、Jack 和 Caroline Simpson、Albin Fritz、Bill 和 Jason Liber、Sebastian Elstner、魯拉因斯基一家（Rurainski family）還有許多我未來一定會後悔遺漏的人們，我從各位身上學到很多。

我的孩子喬納與莉莉可以在我從未經歷過的不同層次激發情緒。我在強納身上看到很多的自己，讓我不敢置信。莉莉充滿驚喜，就算具備全世界最高水準的ＥＱ，也無法讓我不為她著迷。（我希望她把這股魅力用在好的方面，而不是壞的面向。）每天，我都因為他們兩人而充滿驕傲，我要感謝耶和華的恩賜，讓我享受撫養他們的歡欣、責任與特權。

最後，我要感謝我的妻子多明妮卡。從我們相遇那一刻我就知道妳很特別，自此之後妳仍繼續讓我驚嘆。十年婚姻，讓我愛妳愛得比以前更深。妳幫助我成為最好的自己。妳是我的一切，沒有妳，也就沒有了我，我是說真的。

但，和你們在一起，我就是全世界最幸福的人。

聯絡資訊與演說邀約——Contact and Speaking

我很樂於分享，在撰寫本書多年以來所蒐集到的研究、訪談與洞見。從實務上以及現實世界的層面來說，我把重點放在如何把ＥＱ應用在職場上（與家庭裡）的日常情境之中，以及為何這麼做的重要性比過往有過之而無不及。

若想邀請我演講，可以透過 LinkedIn 聯繫我，或透過電子郵件：info@eqapplied.com。

此外，若本書在你的生活中激發出某些洞見或「啟示」，我很願意聽一聽。若你不認同我的想法或是有任何建設性的批評指教，我也樂於接受。

期待能聽到你的想法並向你學習。

資料來源——References

第一章

1 Andy Cunningham, interview by author, December 8, 2017.

2 關於丹尼爾．高曼，請參考其個人網站（最後訪問時間為 January 7, 2018）：www.danielgoleman.info/biography.

3 Howard Gardner, *Frames of Mind: The Theory of Multiple Intelligences*, 3rd ed (New York: Basic Books, 2011).

4 Peter Salovey and John D. Mayer, "Emotional Intelligence," *Imagination, Cognition, and Personality* 9, no. 3 (1990): 185-211, http://ei.yale.edu/wp-content/uploads/2014/06/pub153_SaloveyMayerICP1990_OCR.pdf.

5 Daniel Goleman, Richard Boyatzis, and Annie McKee, *Primal Leadership: Unleashing the Power of Emotional Intelligence* (Boston: Harvard Business Review Press, 2013).

6 Carol S. Dweck, *Mindset: The New Psychology of Success* (New York: Random House, 2006).

7 When his biographer Walter Isaacson asked him: Walter Isaacson, *Steve Jobs* (New York: Simon & Schuster, 2011).

第1章

1 Chesley B. "Sully" Sullenberger III and Jeffrey Zaslow, ***Sully: My Search for What Really Matters*** (New York: William Morrow, 2016).

2 Chesley Sullenberger, interview by Katie Couric, ***60 Minutes***, CBS, February 8, 2009.

3 Andrea Bonoir, "The Surefire First Step to Stop Procrastinating," ***Psychology Today***, May 1, 2014, www.psychologytoday.com/blog/friendship-20/201405/the-surefire-first-step-stop-procrastinating.

4 Louise Beattie, Simon D. Kyle, Colin A. Espie, and Stephany M. Biello, "Social Interactions, Emotion and Sleep: A Systematic Review and Research Agenda," ***Sleep Medicine Reviews*** 24 (2015): 83-100.

5 Susan David, ***Emotional Agility: Get Unstuck, Embrace Change, and Thrive in Work and Life*** (New York: Penguin, 2016).

6 Lisa Feldman Barrett, ***How Emotions Are Made: The Secret Life of the Brain*** (New York: Houghton Mifflin Harcourt, 2017).

7 Jeremy P. Jamieson, Wendy Berry Mendes, Erin Blackstock, and Toni Schmader, "Turning the Knots in Your Stomach into Bows: Reappraising Arousal Improves Performance on the GRE," ***Journal of Experimental Social Psychology*** 46, no. 1 (2010): 208-212.

8 Alison Wood Brooks, "Get Excited: Reappraising Pre-performance Anxiety as Excitement," ***Journal of Experimental Psychology: General*** 143, no. 3 (2013): 1144-1158.

9 David Kidd and Emanuele Castano, "Different Stories: How Levels of Familiarity with Literary and Genre Fiction Relate to Mentalizing," ***Psychology of Aesthetics, Creativity, and the Arts*** 11, no. 4 (2017):474-486; P. Matthijs Bal and Martijn Veltkamp, "How Does Fiction Reading Influence Empathy? An Experimental Investigation on the Role of Emotional Transportation,"

PLOS One 8, no. 1 (2013): e55341.

10 Beattie, "Social Interactions, Emotion and Sleep."

11 Karen A. Baikie and Kay Wilhelm, "Emotional and Physical Health Benefits of Expressive Writing," *Advances in Psychiatric Treatment* 11, no. 5 (2005): 338-346.

12 Julia Zimmermann and Franz J. Neyer, "Do We Become a Different Person When Hitting the Road? Personality Development of Sojourners," *Journal of Personality and Social Psychology* 105, no. 3 (2013): 515.

13 "a hero is someone who risks his life": Sullenberger, *Sully*.

第三章

1 Richard J. Davidson, *The Emotional Life of Your Brain: How Its Unique Patterns Affect the Way You Think, Feel, and Live—and How You Can Change Them* (New York: Penguin, 2012).

2 卡蘿 Dweck, *Mindset*.

3 Joseph E. LeDoux, "Amygdala," *Scholarpedia* 3, no. 4 (2008): 2698.

4 Charles Duhigg, *The Power of Habit: Why We Do What We Do in Life and Business* (New York: Random House, 2012).

5 Brent J. Atkinson, "Supplementing Couples Therapy with Methods for Reconditioning Emotional Habits," *Family Therapy Magazine* 10, no. 3 (2011): 28-32.

第四章

1 Pete Wells, "At Thomas Keller's Per Se, Slips and Stumbles," *New York Times*, January 12, 2016.

2 Thomas Keller, "To Our Guests," Thomas Keller Restaurant Group (website), accessed December 8, 2017, www.thomaskeller.com/messagetoourguests.

3 Gabe Ulla, "Can Thomas Keller Turn Around Per Se?" *Town & Country*, October 2016.

4 Jodi Kantor and David Streitfeld, "Inside Amazon: Wrestling Big Ideas in a Bruising Workplace," *New York Times*, August 16, 2015.

5 Dean Baquet, "Dean Baquet Responds to Jay Carney's *Medium* Post," *Medium*, October 19, 2015, https://medium.com/@NYTimesComm/dean-baquetresponds-to-jay-carney-s-medium-post-6af794c7a7c6.

6 John Cook, "Full Memo: Jeff Bezos Responds to Brutal NYT Story, Says It Doesn't Represent the Amazon He Leads," GeekWire, August 16, 2015, www.geekwire.com/2015/full-memo-jeff-bezos-responds-to-cutting-nyt-expose-says-tolerance-for-lack-of-empathy-needs-to-be-zero.

7 Taylor Soper, "Amazon to 'Radically' Simplify Employee Reviews, Changing Controversial Program amid Huge Growth," GeekWire, November 14, 2016, www.geekwire.com/2016/amazon-radicallysimplify-employee-reviews-changing-controversial-program-amid-huge-growth.

8 Mike Myatt, *Hacking Leadership: The 11 Gaps Every Business Needs to Close and the Secrets to Closing Them Quickly* (Hoboken, NJ: Wiley, 2013).

9 Agence France-Presse, "Parents Who Praise Children Too Much May Encourage Narcissism, Says Study," ***Guardian***, March 10, 2015, www.theguardian.com/world/2015/mar/10/parents-who-praise-children-too-much-may-encourage-narcissism-says-study.

10 Sheila Heen and Douglas Stone, "Find the Coaching in Criticism," ***Harvard Business Review***, January/February 2014, https://hbr.org/2014/01/find-the-coaching-in-criticism.

11 Carolyn O'Hara, "How to Get the Feedback You Need," ***Harvard Business Review***, May 15, 2015, https://hbr.org/2015/05/how-to-get-the-feedback-you-need.

12 Peter Holley, "He Was Minutes from Retirement," ***Washington Post***, December 12, 2016, www.washingtonpost.com/news/on-leadership/wp/2016/12/12/he-was-minutes-from-retirement-but-firsthe-blasted-his-bosses-in-a-company-wide-email.

第五章

1 Susan Lanzoni, "A Short History of Empathy," ***Atlantic***, October 15, 2015, www.theatlantic.com/health/archive/2015/10/a-short-history-of-empathy/409912.

2 Daniel Goleman, "Three Kinds of Empathy," Daniel Goleman (website), June 12, 2007, www.danielgoleman.info/three-kinds-of-empathy-cognitive-emotional-compassionate.

3 Adam Grant, ***Give and Take: Why Helping Others Drives Our Success*** (New York: Penguin Books, 2014).

4 Shankar Vedantam, "Hot and Cold Emotions Make Us Poor Judges," ***Washington Post***, August 6, 2007.

5 Bloom argues that empathy has the tendency: Paul Bloom, ***Against Empathy: The Case for Rational Compassion*** (New York: Ecco, 2016).

6 Barbara Lombardo and Caryl Eyre. 2011, "Compassion Fatigue: A Nurse's Primer,"***Online Journal of Issues in Nursing*** 16, no. 1 (2011): 3; Maryann Abendroth and Jeanne Flannery, "Predicting the Risk of Compassion Fatigue," ***Journal of Hospice and Palliative Nursing*** 8, no. 6 (2006): 346-356.

7 Robin Stern and Diane Divecha, "The Empathy Trap," ***Psychology Today***, May 4, 2015, www.psychologytoday.com/articles/201505/the-empathy-trap.

8 in certain cases, the use of social media: Keith Hampton, Lee Rainie, Weixu Lu, Inyoung Shin, and Kristen Purcell, "Social Media and the Cost of Caring," Pew Research Center (website), January 15, 2015, www.pewinternet.org/2015/01/15/social-media-and-stress.

9 Sheryl Sandberg, "Today is the end of sheloshim for my beloved husband," Facebook, June 3, 2015, www.facebook.com/sheryl/posts/10155617891025177.

10 Sheryl Sandberg, "There have been many times when I've been grateful to work at companies that supported families," Facebook, February 7, 2017, www.facebook.com/sheryl/posts/10158115250050177.

11 "Guy H. Pierce, Member of the Governing Body of Jehovah's Witnesses, Dies," Jehovah's Witnesses (website), March 20, 2014, www.jw.org/en/news/releases/by-region/world/guy-pierce-governing-body-member-dies.

第六章

1 Chris Voss and Tahl Raz, ***Never Split the Difference: Negotiating as If Your Life Depended on It*** (New York: HarperBusiness, 2016).

2 Chris Voss, interview by author, February 9, 2018.

3 Dale Carnegie, ***How to Win Friends & Influence People*** (New York: Simon and Schuster, 1981).

4 Jay Conger, ***The Necessary Art of Persuasion*** (Boston: Harvard Business Review Press, 2008).

5 Lyz Lenz, "Dear Daughter, I Want You to Fail," ***Huffington Post***, February 24, 2013, www.huffingtonpost.com/lyz-lenz/snow-plow-parents_b_2735929.html.

6 Ramona G. Almirez, "Celine Dion Reacts Calmly to Fan Storming Stage," Storyful Rights Management, January 8, 2018, https://youtu.be/GoO2LpfcVVI.

第七章

1 Harvard Study of Adult Development (website), accessed January 13, 2018, www.adultdevelopmentstudy.org; Robert J. Waldinger, "What Makes a Good Life? Lessons from the Longest Study on Happiness," TED Talks, December 1, 2015, www.ted.com/talks/robert_waldinger_what_makes_a_good_life_lessons_from_the_longest_study_on_happiness.

2 Julia Rozovsky, "The Five Keys to a Successful Google Team," ***re:Work*** (blog), November 17, 2015,https://rework.withgoogle.com/blog/five-keys-to-a-successful-google-team.

3 Jim Harter and Amy Adkins, "Employees Want a Lot More from Their Managers," Gallup Business Journal (website), April 8, 2015, http://news.gallup.com/businessjournal/182321/employees-lot-managers.aspx.

4 Angela Ahrendts, interview by Rebecca Jarvis, ***No Limits with Rebecca Jarvis***, ABC Radio, January 9, 2018.

5 Thomas Baumgartner, Urs Fischbacher, Anja Feierabend, Kai Lutz, and Ernst Fehr, "The Neural Circuitry of a Broken Promise," Neuron 64, no. 5 (2009): 756-770.

6 Dan Ariely, ***Payoff: The Hidden Logic That Shapes Our Motivations*** (New York: Simon & Schuster/TED, 2016).

7 Erika Andersen, "Why We Hate Giving Feedback—and How to Make It Easier," ***Forbes***, January 12, 2012, www.forbes.com/sites/erikaandersen/2012/06/20/why-we-hate-givingfeedback-and-how-to-make-it-easier.

8 Rodger Dean Duncan, "How Campbell's Soup's Former CEO Turned the Company Around," ***Fast Company***, September 18, 2014, www.fastcompany.com/3035830/how-campbells-soups-formerceo-turned-the-company-around.

第八章

1 Nick Enoch, "Mein Camp: Unseen Pictures of Hitler... in a Very Tight Pair of Lederhosen," ***Daily Mail***, July 3, 2014, www.dailymail.co.uk/news/article-2098223/Pictures-Hitler-rehearsing-hate-filledspeeches.html.

2 Alex Gendler and Anthony Hazard, "How Did Hitler Rise to Power?" TED-Ed, July 18, 2016, https://youtu.be/jFICRFKtAc4.

3 Ursa K.J. Naglera, Katharina J. Reiter, Marco R. Furtner, and John F. Rauthmann, "Is There a 'Dark Intelligence'? Emotional Intelligence Is Used by Dark Personalities to Emotionally Manipulate Others," ***Personality and Individual Differences*** 65 (2014):

4 -52.

4 Tom Chivers, "How to Spot a Psychopath," ***Telegraph***, August 29, 2017, www.telegraph.co.uk/books/non-fiction/spot-psychopath.

5 Robert Hare and Paul Babiak, ***Snakes in Suits: When Psychopaths Go to Work*** (New York: HarperBusiness, 2007).

6 Mitja D. Back, Stefan C. Schmukle, and Boris Egloff, "Why Are Narcissists So Charming at First Sight? Decoding the Narcissism–Popularity Link at Zero Acquaintance," ***Journal of Personality and Social Psychology*** 98, no. 1 (2010): 132-145.

7 Stephane Cote, Katherine A. DeCelles, Julie M. McCarthy, Gerben A. Van Kleef, and Ivona Hideg, "The Jekyll and Hyde of Emotional Intelligence: Emotion-Regulation Knowledge Facilitates Both Prosocial and Interpersonally Deviant Behavior," ***Psychological Science*** 22, no. 8 (2011): 1073-1080.

8 Sara Konrath, Olivier Corneille, Brad J. Bushman, and Olivier Luminet, "The Relationshipbetween Narcissistic Exploitativeness, Dispositional Empathy, and Emotion Recognition Abilities," ***Journal of Nonverbal Behavior*** 38, no. 1 (2014): 129-143.

9 Independent Directors of the Board of Wells Fargo & Company Oversight Committee, ***Sales Practices Investigation Report***, April 10, 2017.

10 Matt Egan, "Workers Tell Wells Fargo Horror Stories," CNN Money, September 9, 2016, http://money.cnn.com/2016/09/09/investing/wells-fargo-phony-accounts-culture/index.html.

11 Chris Arnold, "Former Wells Fargo Employees Describe Toxic Sales Culture, Even at HQ," NPR,October 4, 2016, www.npr.org/2016/10/04/496508361/former-wells-fargo-employees-describe-toxic-sales-cultureeven-at-hq.

12 Jen Wieczner, "How Wells Fargo's Carrie Tolstedt Went from ***Fortune*** Most Powerful Woman to Villain," ***Fortune***, April 10, 2017,

http://fortune.com/2017/04/10/wells-fargo-carrie-tolstedt-clawback-net-worth-fortune-mpw.

13 In one study on emotional behavior: Joanne Martin, Kathleen Knopoff, and Christine Beckman, "An Alternative to Bureaucratic Impersonality and Emotional Labor: Bounded Emotionality at The Body Shop," ***Administrative Science Quarterly*** 43, no. 2 (1998): 429-469.

14 But as details of the experiment emerged: Robinson Meyer, "Everything We Know about Facebook's Secret Mood Manipulation Experiment," ***Atlantic***, June 28, 2014, www.theatlantic.com/technology/archive/2014/06/everything-we-know-about-facebooks-secret-mood-manipulation-experiment/373648/#IRB.

15 Drew Brannon, interview by author, January 21, 2018.

16 "The Breaking News Consumer's Handbook," ***On the Media Blog***, WNYC, September 20, 2013, www.wnyc.org/story/breaking-news-consumers-handbook-pdf.

17 "The Breaking News Consumer's Handbook," ***On the Media Blog***.

18 Olivia Solon, "The Future of Fake News: Don't Believe Everything You Read, See or Hear," ***Guardian***, July 26, 2017, www.theguardian.com/technology/2017/jul/26/fake-news-obama-video-trump-face2face-doctored-content.

19 The problem is that some people use: Robert Cialdini, ***Influence: The Psychology of Persuasion***, rev. ed. (New York: Harper Collins, 2009).

20 Signe Whitson, "6 Tips for Confronting Passive-Aggressive People," ***Psychology Today***, January 11, 2016, www.psychologytoday.com/blog/passive-aggressive-diaries/201601/6-tips-confronting-passive-aggressive-people.

21 Dale Archer, "Why Love-Bombing a Relationship Is So Devious," ***Psychology Today***, March 6, 2017, www.psychologytoday.com/blog/reading-between-the-headlines/201703/why-love-bombingin-relationship-is-so-devious.

22 Jodi Kantor and Megan Twohey, "Harvey Weinstein Paid Off Sexual Harassment Accusers for Decades," ***New York Times***, October 5, 2017, www.nytimes.com/2017/10/05/us/harvey-weinstein-harassment-allegations.html.

23 Cristela Guerra, "Where Did 'Me Too' Come From? Activist Tarana Burke, Long before Hashtags," ***Boston Globe***, October 17, 2017, www.bostonglobe.com/lifestyle/2017/10/17/alyssa-milano-credits-activist-tarana-burke-with-founding-metoo-movement-years-ago/o2Jv29v6ljObkKPTPB9KGP/story.html.

24 Sophie Gilbert, "The Movement of #MeToo," ***Atlantic***, October 16, 2017, www.theatlantic.com/entertainment/archive/2017/10/the-movement-of-metoo/542979.

參考書目——Bibliography

- Abendroth, Maryann, and Jeanne Flannery. "Predicting the Risk of Compassion Fatigue." *Journal of Hospice and Palliative Nursing* 8, no. 6 (2006): 346-356.
- Agence France-Presse. "Parents Who Praise Children Too Much May Encourage Narcissism, Says Study." *Guardian*, March 10, 2015. www.theguardian.com/world/2015/mar/10/parents-who-praise-children-too-much-may-encourage-narcissism-says-study.
- Ahrendts, Angela. "The Self-Proclaimed 'Non-Techie' Leading Apple Retail Strategy." Interview by Rebecca Jarvis. *No Limits with Rebecca Jarvis*. ABC Radio, January 9, 2018.
- Almirez, Ramona G. "Celine Dion Reacts Calmly to Fan Storming Stage." Storyful Rights Management, January 8, 2018. https://www.youtube.com/GoO2Lpfcvvi.
- American Academy of Achievement. "Thomas Keller." Accessed January 7, 2017. www.achievement.org/ach ever/thomas-keller-2.
- Andersen, Erika. "Why We Hate Giving Feedback—and How to Make It Easier." *Forbes*, June 20, 2012. www.forbes.com/sites/erikaandersen/2012/06/20/why-we-hate-giving-feedback-and-how-to-make-it-easier.

- Archer, Dale. "Why Love-Bombing in a Relationship Is So Devious." *Psychology Today*, March 6, 2017. www. psychologytoday.com/blog/reading-between-the-headlines/201703/why-love-bombing-in-relationship-is-so-devious.
- Ariely, Dan. *Payoff: The Hidden Logic That Shapes Our Motivations*. New York: Simon & Schuster/TED, 2016.
- Arnold, Chris. "Former Wells Fargo Employees Describe Toxic Sales Culture, Even at HQ." NPR, October 4, 2016. www.npr.org/2016/10/04/496508361/former-wells-fargo-employeesdescribe-toxic-sales-culture-even-at-hq.
- Atkinson, Brent J. "Supplementing Couples Therapy with Methods for Reconditioning Emotional Habits." *Family Therapy Magazine* 10, no. 3 (2011): 28-32. www.thecouplesclinic.com/pdf/ Supplementing_Couples_Therapy.pdf.
- Back, Mitja D., Stefan C. Schmukle, and Boris Egloff. "Why Are Narcissists So Charming at First Sight? Decoding the Narcissism-Popularity Link at Zero Acquaintance." *Journal of Personality and Social Psychology* 98, no. 1 (2010): 132-145.
- Baikie, Karen A., and Kay Wilhelm. "Emotional and Physical Health Benefits of Expressive Writing." *Advances in Psychiatric Treatment* 11, no. 5 (2005): 338-346.
- Bal, P. Matthijs, and Martijn Veltkamp. "How Does Fiction Reading Influence Empathy? An Experimental Investigation on the Role of Emotional Transportation." *PLOS One* 8, no. 1 (2013): e55341.
- Baquet, Dean. "Dean Baquet Responds to Jay Carney's *Medium* Post." *Medium*, October 19, 2015. https://medium.com/@NyTimesComm/dean-baquet-responds-to-jay-carney-s-medium-post-6af794c7a7c6.
- Barrett, Lisa Feldman. *How Emotions Are Made: The Secret Life of the Brain*. New York: Houghton Mifflin Harcourt, 2017.
- Baumgartner, Thomas, Urs Fischbacher, Anja Feierabend, Kai Lutz, and Ernst Fehr. "The Neural Circuitry of a Broken Promise." *Neuron* 64, no. 5 (2009): 756-770.
- Beattie, Louise, Simon D. Kyle, Colin A. Espie, and Stephany M. Biello. "Social Interactions, Emotion and Sleep: A Systematic

Review and Research Agenda." *Sleep Medicine Reviews* 24 (2015): 83-100.

· Bloom, Paul. *Against Empathy: The Case for Rational Compassion*. New York: Ecco, 2016. Bonoir, Andrea. "The Surefire First Step to Stop Procrastinating." *Psychology Today*, May 1, 2014. www.psychologytoday.com/blog/friendship-20/201405/the-surefire-first-step-stop-procrastinating.

· Brooks, Alison Wood. "Get Excited: Reappraising Pre-performance Anxiety as Excitement." *Journal of Experimental Psychology: General* 143, no. 3 (2013): 1144-1158.

· Brooks, David. "The Golden Age of Bailing." *New York Times*, July 7, 2017. www.nytimes.com/2017/07/07/opinion/the-goldenage-of-bailing.html.

· Bryant, Adam. "Corey E. Thomas of Rapid7 on Why Companies Succeed or Fail." *New York Times*, August 18, 2017. www.nytimes.com/2017/08/18/business/corner-office-corey-thomas-rapid7.html.

· Carnegie, Dale. *How to Win Friends & Influence People*. New York: Simon and Schuster, 1981.

· Carney, Jay. "What the *New York Times* Didn't Tell You." *Medium*, October 19, 2015. https://medium.com/@jaycarney/what-the-new-york-times-didn-t-tell-you-a1128aa78931.

· Chivers, Tom. "How to Spot a Psychopath." Telegraph, August 29, 2017. www.telegraph.co.uk/books/non-fiction/spot-psychopath.

· Cialdini, Robert. *Influence: The Psychology of Persuasion*. Rev. ed. New York: HarperCollins, 2009.

· Conger, Jay. *The Necessary Art of Persuasion*. Boston: Harvard Business Review Press, 2008.

· Cook, John. "Full Memo: Jeff Bezos Responds to Brutal NYT Story, Says It Doesn't Represent the Amazon He Leads." GeekWire, August 16, 2015. www.geekwire.com/2015/full-memo-jeff-bezosresponds-to-cutting-nyt-expose-says-tolerance-for-lack-of-empathy-needs-to-be-zero.

- Côté, Stéphane, Katherine A. DeCelles, Julie M. McCarthy, Gerben A. Van Kleef, and Ivona Hideg. "The Jekyll and Hyde of Emotional Intelligence: Emotion-Regulation Knowledge Facilitates Both Prosocial and Interpersonally Deviant Behavior." *Psychological Science* 22, no. 8 (2011): 1073-1080.
- D'Alessandro, Carianne. "Dropbox's CEO Was Late to a Companywide Meeting on Punctuality. What Followed Wasn't Pretty." Inc.com, July 6, 2017. www.inc.com/video/drew-houston/how-dropboxs-ceo-learned-an-embarrassing-lesson-on-leadership.html.
- David, Susan. ***Emotional Agility: Get Unstuck, Embrace Change, and Thrive in Work and Life***. New York: Penguin, 2016.
- Davidson, Richard J. ***The Emotional Life of Your Brain: How Its Unique Patterns Affect the Way You Think, Feel, and Live—and How You Can Change Them***. New York: Penguin, 2012.
- Donne, John. ***Devotions upon Emergent Occasions***. Edited by Anthony Raspa. Montreal: McGill-Queen's University Press, 1975.
- Duhigg, Charles. ***The Power of Habit: Why We Do What We Do in Life and Business***. New York: Random House, 2012.
- Duncan, Rodger Dean. "How Campbell's Soup's Former CEO Turned the Company Around." ***Fast Company***, September 18, 2014. www.fastcompany.com/3035830/how-campbells-soupsformer-ceo-turned-the-company-around.
- Durant, Will. ***The Story of Philosophy: The Lives and Opinions of the World's Greatest Philosophers***. New York: Simon & Schuster, 1953.
- Dweck, Carol S. ***Mindset: The New Psychology of Success***. New York: Random House, 2006.
- Egan, Danielle. "Into the Mind of a Psychopath." ***Discover***, June 2016.
- Egan, Matt. "Workers Tell Wells Fargo Horror Stories." CNN Money, September 9, 2016. http://money.cnn.com/2016/09/09/investing/wells-fargo-phony-accounts-culture/index.html.

- Enoch, Nick. "Mein Camp: Unseen Pictures of Hitler... in a Very Tight Pair of Lederhosen." ***Daily Mail***, July 3, 2014. www.dailymail.co.uk/news/article-2098223/Pictures-Hitler-rehearsing-hate-filled-speeches.html.
- Friedman, Milton. ***Capitalism and Freedom***. Fortieth anniversary ed. Chicago: University of Chicago Press, 2002.
- Gardner, Howard. ***Frames of Mind: The Theory of Multiple Intelligences***. 3rd ed. New York: Basic Books, 2011.
- Gendler, Alex, and Anthony Hazard. "How Did Hitler Rise to Power?" TED-Ed, July 18, 2016. https://youtu.be/jFICRFKtAc4.
- Gilbert, Elizabeth. ***Eat, Pray, Love: One Woman's Search for Everything across Italy, India and Indonesia***. New York: Penguin, 2007.
- Gilbert, Sophie. "The Movement of #MeToo." ***Atlantic***, October 16, 2017. www.theatlantic.com/entertainment/archive/2017/10/the-movement-of-metoo/542979.
- Goleman, Daniel. "About Daniel Goleman." Daniel Goleman (website). Accessed January 7, 2018. www.danielgoleman.info/biography. ———. "Three Kinds of Empathy." Daniel Goleman (website), June 12, 2007. www.danielgoleman.info/three-kinds-of-empathy-cognitive-emotional-compassionate.
- Goleman, Daniel, Richard Boyatzis, and Annie McKee. ***Primal Leadership: Unleashing the Power of Emotional Intelligence***. Boston: Harvard Business Review Press, 2013.
- Grant, Adam. ***Give and Take: Why Helping Others Drives Our Success***. New York: Penguin Books, 2014.
- Guerra, Cristela. "Where Did 'Me Too' Come From? Activist Tarana Burke, Long before Hashtags." ***Boston Globe***, October 17, 2017. www.bostonglobe.com/lifestyle/2017/10/17/alyssa-milano-credits-activist-tarana-burke-with-founding-metoo-movement-years-ago/o2Jv29v6ljObkKpTpB9Kgp/story.html.
- Hampton, Keith, Lee Rainie, Weixu Lu, Inyoung Shin, and Kristen Purcell. "Social Media and the Cost of Caring." Pew Research Center (website), January 15, 2015. www.pewinternet.org/2015/01/15/social-media-and-stress.

· Hare, Robert, and Paul Babiak. *Snakes in Suits: When Psychopaths Go to Work*. New York: HarperBusiness, 2007.

· Harter, Jim, and Amy Adkins. "Employees Want a Lot More from Their Managers." Gallup Business Journal (website), April 8, 2015. http://news.gallup.com/businessjournal/182321/employees-lot-managers.aspx. Harvard Medical School. Harvard Study of Adult Development (website). Accessed January 13, 2018. www.adultdevelopmentstudy.org.

· Heen, Sheila, and Douglas Stone. "Find the Coaching in Criticism." *Harvard Business Review*, January/February 2014. https://hbr.org/2014/01/find-the-coaching-in-criticism.

· Holley, Peter. "He Was Minutes from Retirement. But First, He Blasted His Bosses in a Company-Wide Email." *Washington Post*, December 12, 2016. www.washingtonpost.com/news/on-leadership/wp/2016/12/12/he-was-minutes-from-retirement-but-first-he-blasted-his-bosses-in-a-company-wide-email.

· Independent Directors of the Board of Wells Fargo & Company Oversight Committee. *Sales Practices Investigation Report*. Independent Directors of the Board of Wells Fargo & Company, April 10, 2017.

· Isaacson, Walter. *Steve Jobs*. New York: Simon & Schuster, 2011.

· Jamieson, Jeremy P., Wendy Berry Mendes, Erin Blackstock, and Toni Schmader. "Turning the Knots in Your Stomach into Bows: Reappraising Arousal Improves Performance on the GRE." *Journal of Experimental Social Psychology* 46, no. 1 (2010): 208-212.

· Kantor, Jodi, and David Streitfeld. "Inside Amazon: Wrestling Big Ideas in a Bruising Workplace." *New York Times*, August 16, 2015.

· Kantor, Jodi, and Megan Twohey. "Harvey Weinstein Paid Off Sexual Harassment Accusers for Decades." *New York Times*, October 5, 2017. www.nytimes.com/2017/10/05/us/harvey-weinsteinharassment-allegations.html.

· Keller, Thomas. "To Our Guests." Thomas Keller Restaurant Group (website). Accessed December 8, 2017. www.thomaskeller.

com/messagetoourguests.

· Kidd, David, and Emanuele Castano. "Different Stories: How Levels of Familiarity with Literary and Genre Fiction Relate to Mentalizing." ***Psychology of Aesthetics, Creativity, and the Arts*** 11, no. 4 (2017): 474-486.

· Konrath, Sara, Olivier Corneille, Brad J. Bushman, and Olivier Luminet. "The Relationship between Narcissistic Exploitativeness, Dispositional Empathy, and Emotion Recognition Abilities." ***Journal of Nonverbal Behavior*** 38, no. 1 (2014): 129-143.

· Laborde, S., F. Dosseville, and M.S. Allen. "Emotional Intelligence in Sport and Exercise: A Systematic Review." ***Scandinavian Journal of Medicine & Science in Sports*** 26, no. 8 (2016): 862-874.

· Lanzoni, Susan. "A Short History of Empathy." ***Atlantic***, October 15, 2015. www.theatlantic.com/health/archive/2015/10/a-short-history-of-empathy/409912.

· LeDoux, Joseph E. "Amygdala." ***Scholarpedia*** 3, no. 4 (2008): 2698. www.scholarpedia.org/article/Amygdala.

· Lenz, Lyz. "Dear Daughter, I Want You to Fail." ***Huffington Post***, February 24, 2013. www.huffingtonpost.com/lyz-lenz/snowplow-parents_b_2735929.html.

· Lombardo, Barbara, and Caryl Eyre. "Compassion Fatigue: A Nurse's Primer." ***Online Journal of Issues in Nursing*** 16, no. 1 (2011): 3.

· Martin, Joanne, Kathleen Knopoff, and Christine Beckman. "An Alternative to Bureaucratic Impersonality and Emotional Labor: Bounded Emotionality at The Body Shop." ***Administrative Science Quarterly*** 43, no. 2 (1998): 429-469.

· Meyer, Robinson. "Everything We Know about Facebook's Secret Mood Manipulation Experiment." ***Atlantic***, June 28, 2014. www.theatlantic.com/technology/archive/2014/06/everything-weknow-about-facebooks-secret-mood-manipulation-experiment/373648/#iRB.

· Moon, Shinji. ***The Anatomy of Being***. Self-published, Lulu, 2013.

- Myatt, Mike. ***Hacking Leadership: The 11 Gaps Every Business Needs to Close and the Secrets to Closing Them Quickly***. Hoboken, NJ: Wiley, 2013.
- Naglera, Ursa K.J., Katharina J. Reitera, Marco R. Furtnera, and John F. Rauthmann. "Is There a 'Dark Intelligence'? Emotional Intelligence Is Used by Dark Personalities to Emotionally Manipulate Others." ***Personality and Individual Differences*** 65 (2014): 47-52.
- O'Hara, Carolyn. "How to Get the Feedback You Need." ***Harvard Business Review***, May 15, 2015. https://hbr.org/2015/05/how-to-get-the-feedback-you-need.
- ***On the Media Blog***. "The Breaking News Consumer's Handbook."WNYC, September 20, 2013. www.wnyc.org/story/breakingnews-consumers-handbook-pdf.
- Outlaw, Frank. Quoted in "What They're Saying." ***San Antonio Light***, May 18, 1977, 7-B.
- Rozovsky, Julia. "The Five Keys to a Successful Google Team," ***re: Work*** (blog), November 17, 2015. https://rework.withgoogle.com/blog/five-keys-to-a-successful-google-team.
- Salovey, Peter, and John D. Mayer. "Emotional Intelligence." ***Imagination, Cognition, and Personality*** 9, no. 3 (1990): 185-211. http://ei.yale.edu/wpcontent/uploads/2014/06/pub153_SaloveyMayeriCp1990_OCR.pdf.
- Sandberg, Sheryl. "There have been many times when I've been grateful to work at companies that supported families."Facebook, February 7, 2017. www.facebook.com/sheryl/posts/10158115250050177.———. "Today is the end of sheloshim for my beloved husband." Facebook, June 3, 2015. www.facebook.com/sheryl/posts/10155617891025177.
- Shakespeare, William. ***Timon of Athens***. Edited by John Dover Wilson. Cambridge: Cambridge University Press, 1961.
- Solon, Olivia. "The Future of Fake News: Don't Believe Everything You Read, See or Hear." ***Guardian***, July 26, 2017. www.

theguardian.com/technology/2017/jul/26/fake-news-obama-video-trump-face2face-doctored-content.

- Soper, Taylor. "Amazon to 'Radically' Simplify Employee Reviews, Changing Controversial Program Amid Huge Growth." Geek Wire, November 14, 2016. www.geekwire.com/2016/amazon-radically-simplify-employee-reviews-changing-controversial-program-amid-huge-growth.
- Stern, Robin, and Diane Divecha. "The Empathy Trap." ***Psychology Today***, May 4, 2015. www.psychologytoday.com/articles/201505/the-empathy-trap.
- Sullenberger, Chesley. "I Was Sure I Could Do It." Interview by Katie Couric. ***60 Minutes***. CBS, February 8, 2009.
- Sullenberger, Chesley, and Jeffrey Zaslow. ***Sully: My Search for What Really Matters***. New York: William Morrow, 2016.
- Ulla, Gabe. "Can Thomas Keller Turn Around Per Se?" ***Town & Country***, October 2016.
- Vedantam, Shankar. "Hot and Cold Emotions Make Us Poor Judges." ***Washington Post***, August 6, 2007.
- Voss, Chris, and Tahl Raz. ***Never Split the Difference: Negotiating As If Your Life Depended On It***. New York: HarperBusiness, 2016.
- Waldinger, Robert J. "What Makes a Good Life? Lessons from the Longest Study on Happiness." TED Talks, December 1, 2015. www.ted.com/talks/robert_waldinger_what_makes_a_good_life_lessons_from_the_longest_ study_on_happiness.
- Watch Tower Bible and Tract Society of Pennsylvania. "Guy H. Pierce, Member of the Governing Body of Jehovah's Witnesses, Dies." Jehovah's Witnesses (website), March 20, 2014. www.jw.org/en/news/releases/by-region/world/guy-pierce-governing-body-member-dies.
- Wells, Pete. "At Thomas Keller's Per Se, Slips and Stumbles." ***New York Times***, January 12, 2016.
- Whitson, Signe. "6 Tips for Confronting Passive-Aggressive People." ***Psychology Today***, January 11, 2016. www.psychologytoday.

com/blog/passive-aggressive-diaries/201601/6-tips-confronting-passive-aggressive-people.

- Wieczner, Jen. "How Wells Fargo's Carrie Tolstedt Went from ***Fortune*** Most Powerful Woman to Villain." ***Fortune***, April 10, 2017. http://fortune.com/2017/04/10/wells-fargo-carrietolstedt-clawback-net-worth-fortune-mpw.
- Wilde, Oscar. ***The Soul of Man under Socialism***. London: Arthur L. Humphreys, 1900. Project Gutenberg ebook.
- Zak, Paul. "The Neuroscience of Trust." ***Harvard Business Review***, January/February 2017. https://hbr.org/2017/01/theneuroscience-of-trust.
- Zimmermann, Julia, and Franz J. Neyer. "Do We Become a Different Person When Hitting the Road? Personality Development of Sojourners." ***Journal of Personality and Social Psychology*** 105, no. 3 (2013): 515.

可以柔軟，不代表你必須一再退讓：讓情緒成為你的後盾，不再委屈自己的EQ練習／賈斯汀．巴瑞索（Justin Bariso）著；吳書榆譯. -- 初版. -- 臺北市：時報文化，2020.04 | 272面；14.8×21公分. --（人生顧問系列；391）| 譯自：EQ Applied: the real-world guide to emotional intelligence | ISBN 978-957-13-8125-1（平裝）| 1.情緒管理 2.生活指導 | 176.52 | 109002625

EQ APPLIED: The Real-World Guide to Emotional Intelligence by Justin Bariso
Copyright © 2018 by Justin Bariso
Published by arrangement with Transatlantic Literary Agency Inc., through The Grayhawk Agency.
Complex Chinese edition copyright © 2020 by China Times Publishing Company
All rights reserved.

ISBN 978-957-13-8125-1
Printed in Taiwan.

人生顧問 391

可以柔軟，不代表你必須一再退讓：讓情緒成為你的後盾，不再委屈自己的 EQ 練習

EQ APPLIED: The Real-World Guide to Emotional Intelligence

作者：賈斯汀．巴瑞索 Justin Bariso｜**譯者**：吳書榆｜**副主編**：黃筱涵｜**編輯**：李雅蓁｜**校對**：張黛瑄、李雅蓁｜**企劃經理**：何靜婷｜**美術設計**：陳恩安｜**第二編輯部總監**：蘇清霖｜**董事長**：趙政岷｜**出版者**：時報文化出版企業股份有限公司／108019台北市和平西路三段240號4樓｜**發行專線**：02-2306-6842｜**讀者服務專線**：0800-231-705；02-2304-7103｜**讀者服務傳真**：02-2304-6858｜**郵撥**：19344724 時報文化出版公司｜**信箱**：10899台北華江橋郵局第99信箱｜**時報悅讀網**：www.readingtimes.com.tw｜**法律顧問**：理律法律事務所／陳長文律師、李念祖律師｜**印刷**：盈昌印刷有限公司｜**初版一刷**：2020年4月3日｜**初版二刷**：2021年12月24日｜**定價**：新台幣350元｜**版權所有　翻印必究**（缺頁或破損的書，請寄回更換）

時報文化出版公司成立於一九七五年，並於一九九九年股票上櫃公開發行，於二〇〇八年脫離中時集團非屬旺中，以「尊重智慧與創意的文化事業」為信念。

:-) :-) :-) :-) :-) :-) :-) :-) :-) :-) :-) :-) :-)
:-) :-) :-) :-) :-) :-) :-) :-) :-) :-) :-) :-) :-)
:-) :-(:-) :-) :-) :-) :-) :-) :-) :-) :-) :-) :-)
:-) :-) :-) :-) :-) :-) :-) :-) :-) :-) :-) :-) :-)
:-) :-) :-) :-) :-) :-) :-) :-) :-) :-) :-) :-) :-)
:-) :-) :-) :-) :-) :-) :-) :-) :-) :-) :-) :-) :-)
:-) :-) :-) :-) :-) :-) :-) :-) :-) :-) :-) :-) :-)
:-) :-) :-) :-) :-) :-) :-) :-) :-) :-) :-) :-) :-)
:-) :-) :-) :-) :-) :-) :-) :-) :-) :-) :-) :-) :-)
:-) :-) :-) :-) :-) :-) :-) :-) :-) :-) :-) :-) :-)
:-) :-) :-) :-) :-) :-) :-) :-) :-) :-) :-) :-) :-)
:-) :-) :-) :-) :-) :-) :-) :-) :-) :-) :-) :-) :-)
:-) :-) :-) :-) :-) :-) :-) :-) :-) :-) :-) :-) :-)
:-) :-) :-) :-) :-) :-) :-) :-) :-) :-) :-) :-) :-)
:-) :-) :-) :-) :-) :-) :-) :-) :-) :-) :-) :-) :-)
:-) :-) :-) :-) :-) :-) :-) :-) :-) :-) :-) :-) :-)
:-) :-) :-) :-) :-) :-) :-) :-) :-) :-) :-) :-) :-)
:-) :-) :-) :-) :-) :-) :-) :-) :-) :-) :-) :-) :-)
:-) :-) :-) :-) :-) :-) :-) :-) :-) :-) :-) :-) :-)
:-) :-) :-) :-) :-) :-) :-) :-) :-) :-) :-) :-) :-)
:-) :-) :-) :-) :-) :-) :-) :-) :-) :-) :-) :-) :-)
:-) :-) :-) :-) :-) :-) :-) :-) :-) :-) :-) :-) :-)
:-) :-) :-) :-) :-) :-) :-) :-) :-) :-) :-) :-) :-)
:-) :-) :-) :-) :-) :-) :-) :-) :-) :-) :-) :-) :-)
:-) :-) :-) :-) :-) :-) :-) :-) :-) :-) :-) :-) :-)
:-) :-) :-) :-) :-) :-) :-) :-) :-) :-) :-) :-) :-)
:-) :-) :-) :-) :-) :-) :-) :-) :-) :-) :-) :-) :-)
:-) :-) :-) :-) :-) :-) :-) :-) :-) :-) :-) :-) :-)
:-) :-) :-) :-) :-| :-) :-) :-) :-) :-) :-) :-) :-)
:-) :-) :-) :-) :-) :-) :-) :-) :-) :-) :-) :-) :-)

) :-) :-) :-) :-) :-) :-) :-) :-) :-) :-) :-) :-)
) :-) :-) :-) :-) :-) :-) :-) :-) :-) :-) :-) :-)
) :-) :-) :-) :-) :-) :-) :-) :-) :-) :-) :-) :-)
) :-) :-) :-) :-) :-) :-) :-) :-) :-) :-) :-) :-)
-) :-) :-) :-) :-) :-) :-) :-) :-) :-) :-) :-) :-)
-) :-) :-) :-) :-) :-) :-) :-) :-) :-) :-) :-) :-)
-) :-) :-) :-) :-) :-) :-) :-) :-) :-) :-) :-) :-)
-) :-) :-) :-) :-) :-) :-) :-) :-) :-) :-) :-) :-)
-) :-) :-) :-) :-) :-) :-) :-) :-) :-) :-) :-) :-)
-) :-) :-) :-) :-) :-) :-) :-) :-) :-) :-) :-) :-)
-) :-) :-| :-) :-) :-) :-) :-) :-) :-) :-) :-) :-)
-) :-) :-) :-) :-) :-) :-) :-) :-) :-) :-) :-) :-)
-) :-) :-) :-) :-) :-) :-) :-) :-) :-) :-) :-) :-)
-) :-) :-) :-) :-) :-) :-) :-) :-) :-) :-) :-) :-)
-) :-) :-) :-) :-) :-) :-) :-) :-) :-) :-) :-) :-)
-) :-) :-) :-) :-) :-) :-) :-) :-) :-) :-) :-) :-)
-) :-) :-) :-) :-) :-) :-(:-) :-) :-) :-) :-) :-)
-) :-) :-) :-) :-) :-) :-) :-) :-) :-) :-) :-) :-)
-) :-) :-) :-) :-) :-) :-) :-) :-) :-) :-) :-) :-)
-) :-) :-) :-) :-) :-) :-) :-) :-) :-) :-) :-) :-)
-) :-) :-) :-) :-) :-) :-) :-) :-) :-) :-) :-) :-)
-) :-) :-) :-) :-) :-) :-) :-) :-) :-) :-) :-) :-)
-) :-) :-) :-) :-) :-) :-) :-) :-) :-) :-) :-) :-)
-) :-) :-) :-) :-) :-) :-) :-) :-) :-) :-) :-) :-)
-) :-) :-) :-) :-) :-) :-) :-) :-) :-) :-) :-) :-)
-) :-) :-) :-) :-) :-) :-) :-) :-) :-) :-) :-) :-)
-) :-) :-) :-) :-) :-) :-) :-) :-) :-) :-) :-) :-)
-) :-) :-) :-) :-) :-) :-) :-) :-) :-) :-) :-) :-)
-) :-) :-) :-) :-) :-) :-) :-) :-) :-) :-) :-) :-)
-) :-) :-) :-) :-) :-) :-) :-) :-) :-) :-) :-) :-)